SEJA VEREADOR

Vença uma eleição com poucos recursos e sem equipe

MARCELO VITORINO

com Natália Mendonça e Fabiana Vitorino

SEJA VEREADOR

Vença uma eleição com poucos recursos e sem equipe

© 2023 - Marcelo Vitorino com Natália Mendonça e Fabiana Vitorino
Direitos em língua portuguesa para o Brasil:
Matrix Editora
www.matrixeditora.com.br
/MatrixEditora | @matrixeditora | /matrixeditora

Diretor editorial
Paulo Tadeu

Capa, projeto gráfico e diagramação
Patricia Delgado da Costa

Revisão
Adriana Wrege
Silvia Parollo

CIP-BRASIL - CATALOGAÇÃO NA PUBLICAÇÃO
SINDICATO NACIONAL DOS EDITORES DE LIVROS, RJ

Vitorino, Marcelo
Seja vereador / Marcelo Vitorino, Natália Mendonça, Fabiana Vitorino. - 1. ed. - São Paulo: Matrix, 2023.
120 p.; 23 cm.

ISBN 978-65-5616-329-1

1. Eleições - Brasil. 2. Governo representativo e representação - Brasil. 3. Representação proporcional - Brasil. I. Mendonça, Natália. II. Vitorino, Fabiana. III. Título.

23-83185   CDD: 324.0981
                      CDU: 324(81)

Gabriela Faray Ferreira Lopes - Bibliotecária - CRB-7/6643

SUMÁRIO

Apresentação   7

1   **Por dentro da política brasileira**   9

2   **Por dentro da cabeça do eleitor**   21

3   **Estruturando sua campanha**   35

4   **Definindo sua candidatura**   45

5   **Comunicando suas ideias**   67

6   **Perguntas frequentes**   103

7   **Material de apoio**   113

Apresentação

Este livro foi pensado para você, candidato a vereador, que vai enfrentar uma disputa eleitoral sem recursos, com uma equipe pequena ou, até mesmo, sendo você sua própria força de trabalho para tocar a campanha. Nele você encontra tudo que precisa saber para realizar a comunicação da sua candidatura, do início ao fim, conquistando o eleitor e aumentando suas chances de ser eleito.

As estratégias e ações que descrevo neste livro são o resultado do que aprendi e implementei em mais de vinte anos de atuação em projetos políticos e partidários de norte a sul do país. A experiência me mostrou, na prática, o que funciona e o que não funciona em campanhas eleitorais. E é exatamente esse conhecimento que me proponho a compartilhar com você, para que tenha uma campanha bem-sucedida e aumente suas chances de vitória.

Organizei o passo a passo do que você precisa aprender e fazer para realizar a comunicação da sua campanha para vereador em sete capítulos. No primeiro, explico como funciona a política, falo do tripé ideológico e dos princípios básicos dos sistemas político e eleitoral brasileiros. Esses esclarecimentos são importantes para você montar as suas propostas de campanha, escolher o partido político e entender como é feita a contagem dos votos.

No segundo capítulo eu descrevo, com base em pesquisas, o que se passa na cabeça do eleitor, o que ele busca em um candidato, como usa a internet e quais critérios utiliza para definir o voto para vereador. Conhecer o eleitorado vai fazer com que você saiba exatamente o que dizer e fazer e quais argumentos utilizar para conquistar o eleitor, de acordo com o seu perfil e público prioritário.

Em seguida, apresento as fases da campanha e o que fazer em cada uma dessas etapas. Nesse capítulo você tem acesso a um mapa de ações para planejar a sua candidatura de forma eficiente.

Considero o capítulo quatro um dos mais importantes do livro. Com ele você vai montar a estrutura da sua campanha e aprender a fazer o levantamento de informações, a construção dos argumentos, a identificação dos públicos prioritários e a definição da ideologia da sua candidatura com as propostas dos temas relacionados. Há uma lista de perguntas às quais recomendo que você responda para estruturar a sua candidatura.

No capítulo quatro, ainda apresento vários exemplos, bem detalhados, de candidaturas com ideologias diferentes, para que você possa montar a base da sua campanha.

Após definir a base da sua candidatura, no capítulo cinco você vai aprender a construir sua rede de relacionamentos e criar os conteúdos segmentados para seu público. Eu mostro os caminhos para você criar seu banco de dados e suas listas de transmissão e ensino a produzir, publicar e compartilhar textos, fotos e vídeos.

No capítulo seis há uma série de perguntas frequentes que recebo de candidatos todos os dias em meus canais, respondidas de maneira clara e direta, inclusive com exemplos ilustrados.

No capítulo sete há um material de apoio para que você comece a colocar no papel todas as ideias que irão compor a sua candidatura. E também um formulário para anotar as respostas e fazer o mapa da sua candidatura.

Boa leitura e sucesso na sua candidatura.

1

Por dentro da política brasileira

Para ser candidato ou candidata a vereador(a) é preciso entender os princípios básicos da política, como o que é ideologia, o que defende cada perfil ideológico e como funcionam os sistemas político e eleitoral brasileiros. Essas informações são essenciais, por exemplo, para que você escolha o partido pelo qual pretende sair candidato, quais serão as suas pautas, de acordo com as suas crenças, e quais serão suas propostas tendo em vista a esfera de atuação de um vereador.

1.1. O que é ideologia e quais as principais representações

Ideologia é o conjunto de ideias, de pensamentos, de doutrinas ou de visões de mundo de um indivíduo ou de um grupo, orientado para suas ações sociais e, principalmente, políticas. O mundo já foi dividido entre quem pensava mais à direita ou mais à esquerda. Mas, com o passar do tempo, as sociedades foram se tornando mais plurais, os governos foram amadurecendo e os termos "direita" e "esquerda", no ambiente profissional, caíram em desuso.

Para fins de trabalho e questões didáticas, prefiro dividir os tipos de ideologia em três categorias: liberal, social e conservador.

Liberal-democrata

O liberal-democrata defende a liberdade do indivíduo, os direitos individuais, a igualdade perante a lei, a proteção à propriedade privada e o livre-comércio. Para o liberal-democrata, o Estado deve ser menor e o indivíduo, maior. O liberalismo trabalha para que o Estado interfira o menos possível na vida do cidadão.

Alguns exemplos de pautas associadas ao liberal-democrata são limitação e redução dos gastos públicos, mínima interferência dos governos na vida dos cidadãos (Estado mínimo), direito à posse de armas, fim das cotas sociais, término dos programas sociais e assistencialistas e descriminalização da maconha.

Social-democrata

Já o social-democrata é a favor das liberdades civis, da democracia representativa, da proteção do Estado ao cidadão, da segurança social e da assistência social gratuita (saúde, educação, justiça, segurança).

O social-democrata defende políticas públicas que tenham a ver com igualdade e equidade, em que o Estado forte proponha soluções que equilibrem a situação social do país. Para essa corrente ideológica, as principais pautas estão relacionadas à defesa de cotas para equilíbrio de desigualdades, à manutenção dos programas de transferência de renda (Bolsa Família, Bolsa Escola, Minha Casa, Minha Vida) e à tributação de grandes fortunas.

Conservador-democrata

Já o perfil ideológico conservador defende a concentração do poder, os valores morais e tradicionais, a preservação da ordem social e moral e os valores nacionalistas.

O conservador é contrário às mudanças e defende que os valores morais são a prioridade do Estado. Para essa corrente, as principais pautas são a defesa da volta à monarquia, a proibição de matrimônio entre pessoas do mesmo sexo, o impedimento do aborto em quaisquer casos e o endurecimento de políticas migratórias.

Não existe uma corrente ideológica melhor que a outra. A democracia só existe e se perpetua porque é possível que cada indivíduo tenha a sua forma de pensar, seus ideais e sua ideologia política. Se todos pensassem igual, não existiria a democracia. Existiria um governo totalitário, que beiraria a tirania. Em todo processo democrático é saudável que as três correntes ideológicas estejam presentes, porque, assim, elas representam um maior número de pessoas e garantem o equilíbrio.

1.2. Conheça o sistema político brasileiro

Como candidato ou candidata à vereança, você precisa conhecer o sistema político brasileiro. Isso vai ajudá-lo(a) a escolher o melhor partido para sair candidato(a) e lhe dará o embasamento necessário para construir sua plataforma de campanha e conduzir sua eleição, sabendo exatamente até onde poderá ir com suas propostas e promessas, de acordo com a sua esfera de atuação e a ideologia do seu partido.

Considero que existem três pontos fundamentais que você precisa entender sobre o sistema político brasileiro. São eles: as esferas do poder, a divisão dos poderes e os partidos políticos.

1.2.1. Esferas do poder

O sistema político brasileiro é composto por três esferas: começando pelas cidades, temos a esfera municipal; em seguida temos os estados, que formam a esfera estadual; e, por fim, a esfera federal, que engloba todo o país.

É muito comum ver candidatos e candidatas à vereança fazendo promessas que fogem de sua competência. Na esfera municipal, o Poder Executivo é responsável pela educação da primeira infância, atendimento básico nas unidades de saúde e pela zeladoria. Na esfera estadual, nós temos o Poder Executivo cuidando da segurança e da infraestrutura. E no âmbito federal, temos o Poder Executivo cuidando da segurança nacional, das grandes obras e da destinação de recursos.

É muito importante que você fique atento para só fazer propostas que tenham relação com a sua esfera política. Candidatos a vereador devem se comprometer com assuntos e ações relacionados, por exemplo, à educação infantil, às Unidades Básicas de Saúde e à zeladoria.

1.2.2. A divisão dos poderes

A Constituição Federal prevê a representatividade de três poderes:

- Poder Executivo – é responsável pela administração pública e corresponde às prefeituras, aos governos estaduais e ao governo federal.
- Poder Legislativo – é responsável por legislar e fiscalizar o Poder Executivo. Fazem parte do Poder Legislativo as Câmaras Municipais, as Assembleias Estaduais e a Câmara Legislativa, no caso do Distrito Federal, e o Congresso Nacional, formado pela Câmara dos Deputados e pelo Senado Federal.
- Poder Judiciário – é responsável pela garantia dos direitos individuais, coletivos e sociais, assim como pela resolução de conflitos entre cidadãos, entidades e governos. O Poder Judiciário é formado pela Justiça Comum, composta pela Justiça Estadual, Justiça Federal e Justiça do Trabalho e, ainda, pela Justiça Especial, que contempla a Justiça Militar e a Justiça Eleitoral.

1.2.3. Partidos políticos

A legislação eleitoral exige que para disputar uma eleição o candidato seja filiado a um partido político. Os partidos políticos são a união voluntária de cidadãos com afinidades ideológicas e políticas, organizada e com disciplina, visando a disputa do poder político. Os partidos têm regras e ideologias muito bem estabelecidas, geralmente descritas em seus regimentos internos.

E por que é tão importante saber escolher o partido? A resposta é simples: o mandato dos eleitos no sistema proporcional, como o caso de vereadores, não pertence diretamente aos eleitos, mas sim ao partido. Então, se você se eleger por um partido, mas no meio do caminho não concordar mais com a ideologia dele e quiser trocar de partido ou votar de forma diferente da orientação partidária, você poderá perder o mandato, pelo que chamam de "infidelidade partidária".

O presidente do partido pode ou não pedir a sua cadeira em caso de desacordo com a ideologia do partido. Por exemplo, suponhamos que você seja eleito por um partido tido como liberal, como o NOVO, e surja uma votação na Câmara de Vereadores em que você vote a favor do aumento de impostos para a população, o que é contrário ao ideal do partido. Em caso de repetição desse tipo de conduta, o presidente do partido da esfera municipal pode pedir a sua expulsão, e, se aprovada, você perde o mandato e o suplente do mesmo partido assume a vaga.

ATENÇÃO NA ESCOLHA DO PARTIDO

Quando for escolher o partido pelo qual se lançará candidato, eu o aconselho a observar duas questões:

A primeira delas é a afinidade ideológica, tendo em vista que a infidelidade partidária pode lhe custar o mandato. É importante que avalie bem se a maneira como você pensa está alinhada com a ideologia do partido pelo qual pretende concorrer. Vale ressaltar que eleitos pelo voto majoritário não perdem o mandato. Prefeitos, governadores, presidente da República e senadores podem mudar de partido na hora que bem entenderem.

O segundo ponto que você deve observar para escolher o partido para a sua candidatura é prioritariamente uma legenda que tenha um candidato forte a prefeito, com uma chapa completa (100% das vagas a candidatos do partido preenchidas) e que lhe garanta um lugar nessa chapa. Não se iluda com apoio financeiro partidário. Dificilmente um partido vai garantir recursos para você tocar a sua campanha. Em geral, o que você consegue negociar, quando existe um candidato a prefeito, é a doação de material casado e uma equipe para distribuí-lo. Sugiro que você negocie e combine tudo isso antes de se filiar a um partido e resolva se candidatar por ele.

1.3. Como funciona a eleição no Brasil

Para ter uma campanha bem-sucedida você precisa saber como funciona o sistema eleitoral, como é o cálculo do quociente eleitoral, do quociente partidário, a composição de uma chapa e a legislação eleitoral.

1.3.1. Sistema eleitoral

No Brasil, o sistema eleitoral é formado pelo conjunto dos sistemas majoritário e proporcional. No sistema majoritário é eleito o candidato que obtiver a maioria dos votos válidos, dispensados os brancos e nulos. Os cargos eletivos pelo voto majoritário são presidente da República, governador, senador e prefeito.

No sistema proporcional, a eleição se dá de forma diferente. Primeiro são contabilizados os votos de cada partido, depois distribuem-se as cadeiras entre os partidos que tiveram a quantidade mínima de votos e, em seguida, as cadeiras de cada partido são preenchidas com os candidatos mais votados de cada legenda. São eleitos pelo sistema proporcional os cargos de vereador e deputados estadual, federal e distrital.

1.3.2. Como funciona o quociente eleitoral

Para a eleição proporcional, é feito o cálculo de votos com base no quociente eleitoral e no quociente partidário.

O quociente eleitoral é a quantidade total de votos válidos divididos pelo número de cadeiras. Em uma cidade com cem mil votos válidos e dez cadeiras de vereadores, a cada dez mil votos um partido terá direito a uma cadeira. Nesse exemplo, o quociente eleitoral é de dez mil votos.

Veja na tabela a seguir exemplos de quocientes eleitorais de dez cidades, com base nos dados das eleições de 2020.

Cidade	Votos válidos para vereador em 2020	Número de vereadores	Quociente eleitoral em 2020
Belém (PA)	725.647	35	20.732
Uberlândia (MG)	324.074	27	12.002
Petrolina (PE)	159.208	23	6.922
Itu (SP)	75.851	13	5.834
Catalão (GO)	50.300	17	2.958
Paraty (RJ)	23.107	9	2.567
Jaru (RO)	19.755	15	1.317
Nobres (MT)	8.641	11	785
Aurora (SC)	4.534	9	503
Galinhos (RN)	2.257	9	250

1.3.3. Como funciona o quociente partidário

O quociente partidário é o resultado da divisão da soma dos votos válidos de cada partido político pelo quociente eleitoral. Esse cálculo aponta quantas cadeiras o partido terá direito de preencher com seus candidatos.

Supondo que em uma eleição com 100 mil votos válidos, tendo a Câmara dez vagas para vereador, o partido A alcançou 50 mil votos e garantiu metade das cadeiras. Nesse caso, o quociente partidário do partido A é de 50 mil votos. Vale ressaltar que o quociente partidário será sempre arredondado para baixo. Ou seja, seguindo a lógica do nosso exemplo, se um partido obtiver 58 mil votos, ele terá direito a cinco cadeiras.

A seguir temos um exemplo fictício de distribuição de vagas contemplando 5 partidos e um total de 100.000 votos válidos e 10 cadeiras, que equivale a um quociente eleitoral de 10.000 votos.

Nome do partido	Quociente partidário	Quantidade de cadeiras conquistadas
Partido A	50.000	5 cadeiras
Partido B	21.000	2 cadeiras
Partido C	11.000	1 cadeira
Partido D	10.000	1 cadeira
Partido E	8.000	1 cadeira (sobra partidária)

Para evitar o efeito do puxador de votos, em que um candidato bem votado ajudava a eleger candidatos do mesmo partido que não tiveram representatividade expressiva, a legislação eleitoral mudou a regra e estabeleceu que para se eleger o candidato precisa ter, no mínimo, 10% do quociente eleitoral.

Faça a conta na sua cidade. Pegue os dados da última eleição e identifique a quantidade de votos válidos. Divida esse número pela quantidade de cadeiras da Câmara de Vereadores e você terá o quociente eleitoral do ano em questão. Raramente haverá um aumento populacional que justifique uma mudança. Lembre-se de que você deverá ter, no mínimo, 10% do valor do quociente eleitoral em votos para se eleger. Por exemplo, se o quociente eleitoral da sua cidade é de 20 mil votos, você precisa de, no mínimo, 2 mil votos para se eleger.

1.3.4. Entenda a composição das chapas partidárias

Para concorrer ao cargo de vereador, além de ser filiado a um partido, você precisa fazer parte de uma chapa, que é a formação dos candidatos do partido que irão disputar as eleições.

A legislação eleitoral determina que uma chapa para candidato à vereança pode ter, no máximo, 100% do número de vagas a preencher mais um. Por exemplo, se na sua cidade existem 10 vereadores, cada partido pode ter, no máximo, 11 candidatos a vereador.

Além desse percentual, a legislação eleitoral também exige que seja respeitada a cota de gênero, que determina a proporção mínima de 70/30, o que quer dizer que nenhuma chapa partidária pode ter menos de 30% dos candidatos de um gênero, independente de qual ele seja.

Na prática, não seria possível, em uma chapa de 11 candidatos, haver 10 mulheres e apenas 1 homem ou 10 homens e apenas 1 mulher. Nesse exemplo, um dos gêneros teria que representar, ao menos, 4 vagas.

1.3.5. Legislação eleitoral para comunicação

Para planejar a sua candidatura e participar de uma campanha eleitoral, você precisa entender os principais pontos da legislação eleitoral. É ela que determina as regras do jogo, sinalizando o que é permitido e o que é proibido fazer, inclusive em relação à comunicação e ao uso do dinheiro.

Sem conhecer as regras, você tem potencial para cometer erros que podem lhe custar dinheiro em pagamento de multa e novas impressões de materiais, perda de tempo e retrabalho com a retirada de material de campanha da rua e de publicações na internet e, até mesmo, chegar à possível perda de mandato, caso seja eleito com uma campanha irregular.

Por isso é tão importante conhecer a legislação eleitoral.

Veja a seguir alguns pontos essenciais da legislação relacionados à comunicação, para que você não corra o risco de pagar multa ou até mesmo ter sua candidatura impugnada por cometer erros durante a campanha.

Os candidatos podem:

- Enviar mensagens para pessoas que deram autorização para recebê-las, desde que seja de banco de dados próprio, construído para a campanha, sem a permissão de compra ou cessão (doação) de cadastros de terceiros.
- Impulsionar seus conteúdos em redes sociais com moderação antes do período eleitoral e respeitando o teto de gastos durante o período eleitoral, devendo ser pagos pelo candidato, partido ou coligação durante o período eleitoral. Vale lembrar que na pré-campanha é proibido impulsionamento com pedido de voto.
- Arrecadar recursos pela internet somente por meio de plataformas homologadas pela Justiça Eleitoral.
- Posicionar-se como pré-candidatos sem que peçam votos antes do período eleitoral.
- Pedir votos a partir do início do período eleitoral.
- Usar slogans e jingles apenas durante o período eleitoral.
- Participar de ações sociais, sem distribuição de produtos e serviços que tenham valor econômico, como, por exemplo, brindes ou alimentos.

- Publicar críticas à gestão pública ou a outros políticos, desde que não haja ofensa, difamação ou calúnia a terceiros, nem a produção ou compartilhamento de notícias falsas.
- Usar influenciadores em seus conteúdos, desde que não sejam remunerados para divulgar o candidato.

A legislação eleitoral brasileira muda constantemente, e você precisa manter essa leitura sempre atualizada. Para ajudar nisso, deixei o QR Code para que possa acessar a página em que mantenho os pontos mais atuais da lei eleitoral. Basta apontar a câmera do seu celular para o código e acessar o link.

2

Por dentro da cabeça do eleitor

Grande parte dos eleitores define o voto para vereador nas duas últimas semanas do período eleitoral. Claro que há exceções, como no caso do voto cristalizado, quando o eleitor já vota no candidato há algum tempo ou tem muita afinidade com a pauta defendida pelo candidato, sendo ela regional, temática ou ideológica.

Por esse motivo, a minha orientação é que você defina a sua candidatura quanto antes, construa a reputação antes do período eleitoral e deixe para anunciar a sua candidatura o mais perto possível do início da campanha.

Geralmente a simpatia do eleitor por um candidato se dá pela proximidade dele com a sua realidade e está relacionada ao conhecimento que o candidato demonstra sobre a região – sobre os problemas do bairro – ou sobre a temática que ele defende, como, por exemplo, um candidato a vereador que representa uma categoria de profissionais.

Eu costumo dizer em meus cursos que o eleitor é egoísta. Ele quer eleger alguém que saiba e compreenda o que ele está passando, que tenha condições de promover mudanças e disponibilidade para resolver os próprios problemas. Portanto, não adianta discursar em uma reunião do bairro para falar sobre as melhorias que você fez ou pretende fazer em outra região. O eleitor quer saber o que vai beneficiá-lo diretamente.

É importante que você utilize todo o tempo possível para criar conexões emocionais com seu público, e, para isso, é bom entender como esse público pensa, como usa a internet e o que ele espera de você.

2.1. Eleitor Netflix

Antigamente as pessoas dispunham de mais tempo para consumir conteúdo e poucos canais de exposição. Por exemplo, consumiam revistas semanais com frequência, liam um jornal impresso inteiro, esperavam pelo próximo capítulo da novela e se informavam, quase que exclusivamente, pelo telejornal, uma ou duas vezes ao dia.

Com o uso da internet, muita coisa mudou na cultura de consumo de conteúdo. Hoje a informação é praticamente constante, chega pelo WhatsApp ou pelas redes sociais. Pessoas assistem a novelas pela internet em plataformas de streaming (YouTube, Globoplay). Leem diversos sites simultaneamente, selecionando apenas assuntos de seu interesse. Há uma dispersão de atenção gigante, principalmente entre os mais jovens.

Quando você acorda, qual é a primeira coisa que faz? Até mesmo antes de escovar os dentes, boa parte das pessoas pega o celular para ver mensagens e notícias.

Atualmente consumimos conteúdo na hora que queremos, do jeito que queremos e no formato que desejamos. Exatamente como acontece com a Netflix, por exemplo, em que os espectadores têm liberdade de escolher o que querem assistir.

Essa mudança de comportamento "obriga" os candidatos a se adequarem na produção de seus conteúdos, para que consigam atrair a atenção dos eleitores. Precisam falar menos de si e mais do que interessa ao público, ou terão pouca audiência e engajamento nas redes sociais.

2.2. Como o eleitor usa a internet

Assim como você, o eleitor usa as redes sociais para dois fins principais: relacionamento e entretenimento. Por isso, o conteúdo das suas redes precisa ser interessante. Caso contrário, ele nem vai se dar ao trabalho de prestar atenção. É preciso tratar a internet como meio e não como fim. Candidatos devem utilizá-la para fazer campanha, e não fazer campanha para a internet.

Precisa ficar claro que o candidato deve usar a internet como meio, para entregar o conteúdo para o eleitor, para combater um boato, para saber o que as pessoas estão pensando. O objetivo do trabalho da campanha na internet é obter votos. E *likes* não são votos!

2.2.1. O uso de redes sociais

Para desempenhar melhor esse papel na internet, você precisa entender que as redes sociais são plataformas de entretenimento e relacionamento, e que cada uma delas possui características e perfis diferentes. Atualmente nós temos o Facebook, o Instagram, o LinkedIn e, o mais recente e queridinho dos adolescentes, o TikTok.

O Facebook ainda é a plataforma mais usada pelos brasileiros. Com um apelo maior para vídeos e textos curtos, o público do Facebook abrange todas as faixas etárias, com uma presença maior de pessoas um pouco mais velhas, que estão conectadas à internet há mais tempo. Usuários com linhas telefônicas pré-pagas também tendem a usar mais o Facebook, porque consome menos dados do pacote de internet.

O Instagram tem um apelo para fotos e perfil formado por pessoas mais jovens, na faixa etária entre 20 e 40 anos. O LinkedIn possui uma identidade mais relacionada ao ambiente corporativo e educacional, com foco nas relações de trabalho e publicações de artigos e matérias. E, por fim, o mais recente e preferido pelos muito jovens, temos o TikTok. Com uma série de filtros, dublagens e ferramentas para montagem de vídeos, a proposta dessa plataforma é de conteúdos mais leves e divertidos.

Você deve escolher a sua estratégia de comunicação nas redes sociais com base no público da sua campanha. Lembrando sempre que redes sociais são para entretenimento e relacionamento. Não adianta postar conteúdos duros, como uma notícia pura ou, pior ainda, falar de você mesmo na terceira pessoa em suas redes.

Para exemplificar como as redes sociais funcionam e como você deve se portar nelas, eu costumo dar o exemplo do clube. Imagine que você está em um clube recreativo, gente brincando na piscina, música tocando, rapaziada jogando bola, as pessoas estão conversando, se divertindo, e aí você pega o microfone, desliga a música, segura a bola de futebol e diz: "Pessoal, todo mundo agora em silêncio, por favor, porque eu quero falar sobre a guerra na Síria". Como você acha que as pessoas vão reagir? Posso garantir que, no mínimo, a sua entrada não vai ser bem-vista no clube.

Tenha em mente que você não está nas redes sociais para vender a sua campanha. Você não empurra a campanha goela abaixo nas pessoas. O objetivo é construir uma relação, uma amizade, contar histórias sobre a sua vida, dizer o que você pensa a respeito de determinados assuntos, criticando e apontando soluções. Assim as pessoas vão ter um juízo de valor a seu respeito e vão querer apoiá-lo.

Um detalhe importante: como as redes sociais são para estabelecer relacionamentos, é fundamental que você interaja, que responda aos comentários enviados a você. Alguns candidatos têm um costume muito feio de só responder a comentários que são críticas e deixam abandonadas as interações que são elogios ou apoio. Agradeça o apoio, convide a pessoa a participar da sua lista de transmissão no WhatsApp. Assim você usará as redes sociais de forma eficiente.

2.2.2. Ferramentas de busca

Além de usar as redes sociais para relacionamento e entretenimento, o eleitor também usa a internet para se informar. Muitas vezes esse conteúdo vem por meio das ferramentas de busca, como Google, Bing e YouTube.

Quando o eleitor quer obter informações sobre um candidato, por exemplo, ele provavelmente fará a pesquisa procurando o nome do postulante no Google. E o que o buscador dará como resposta será a apresentação do candidato para o eleitor. Por isso é muito importante que você, candidato ou candidata a vereador(a), tenha pelo menos um vídeo de apresentação publicado no YouTube e um blog. Hoje existem várias ferramentas baratas para ajudá-lo(a) a fazer o blog.

Se quiser, você pode fazer o teste dessa pesquisa com o meu nome. Digite "Marcelo Vitorino" no Google e veja o que aparece. Você vai perceber que construí uma reputação dentro da internet. Qualquer pessoa que procurar pelo meu nome vai visualizar, nas primeiras páginas, resultados que levam para o meu site, minhas redes sociais e para os vídeos que estão publicados no meu canal do YouTube.

Melhor do que ser reconhecido pelo nome seria ser reconhecido por sua atividade ou pelo tema que você aborda. Usando o mesmo exemplo, caso procure por "professor de marketing político" no Google, também chegará ao meu nome. Você pode construir a sua reputação digital por meio da publicação de vídeos ou de conteúdos em texto, para que seus canais sejam exibidos quando um eleitor pesquisar por "vereador da saúde", "melhor vereador de Uberaba", "vereador da causa animal" ou outras variações.

Cabe lembrar que quando o eleitor navega nas redes sociais, ele está em busca de distração. Mas, quando ele usa os mecanismos de busca, o objetivo é obter informações mais completas. Por esse motivo é preciso adequar o conteúdo para cada formato. Por exemplo, um vídeo de um candidato falando sobre educação no YouTube será mais bem apreciado se for mais detalhado. Em contrapartida, nas redes sociais, como no Facebook, o vídeo deve ser mais curto e com um apelo mais cativante.

2.2.3. Mensageiros eletrônicos

A outra forma de os eleitores utilizarem a internet para se informar e se relacionar é por meio dos mensageiros eletrônicos, como WhatsApp, Telegram e Messenger (Facebook). E aqui já vai uma dica: a melhor maneira de usar o WhatsApp na sua campanha é não aborrecer as pessoas com conteúdos em excesso, mensagens de bom-dia e envios fora do horário comercial.

2.3. O que o eleitor gosta de ver quando usa a internet

"O Eleitor Conectado Brasileiro" é uma pesquisa realizada para entender o que as pessoas querem encontrar nas redes sociais de um candidato, como elas definem o voto, qual é o formato dos conteúdos que elas preferem e se elas estão propensas a fazer doações eleitorais.

A última pesquisa foi realizada em 2020 e ouviu 3.955 pessoas nas cinco regiões do país, no período de 1º de março a 14 de junho de 2020. Ela é bem extensa, e por isso fiz o recorte de alguns pontos que considero mais relevantes.

2.3.1. O que os eleitores querem ver nos canais de um candidato

O estudo mostra que nos canais dos candidatos as pessoas desejam ver a opinião deles sobre assuntos atuais (87%), o histórico e a trajetória de vida (85%) e as propostas de campanha (85%). O eleitor quer saber, de fato, quem você é, como pensa e o que a sua candidatura propõe.

Na lista do que o eleitor menos deseja ver estão frases motivacionais ou de apoio (apenas 20% gostariam de ver), fotos de campanha (17%), material de campanha (30%) e agenda de campanha (36%).

Eu costumo entrar na página do Facebook e no perfil do Instagram dos candidatos no período eleitoral e o que eu mais encontro são fotos de caminhada, que é a agenda da campanha.

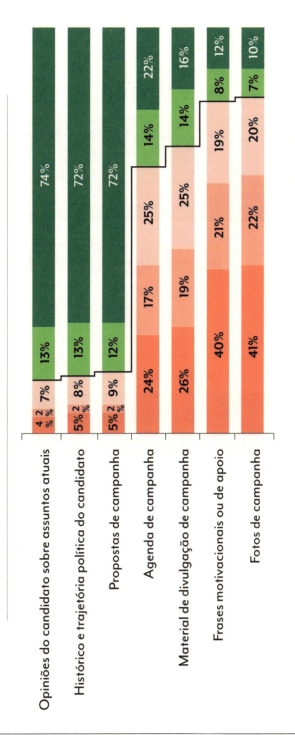

O site da primeira campanha de Macri para a presidência da Argentina é um excelente exemplo de conteúdo que o eleitor busca. A página tem exatamente os três elementos que a pesquisa apontou – quem sou, o que penso e minhas propostas –, com um item a mais para a mobilização.

Eu sempre recomendo que o candidato tenha um site para que seja encontrado pelo Google. Mas não precisa ser um site cheio de penduricalhos, ele pode ser simples e funcional, como o exemplo acima.

2.3.2. Os formatos de conteúdo que os eleitores preferem

Outra informação da pesquisa que merece destaque são os formatos nos quais o eleitor conectado deseja consumir o conteúdo. Dos entrevistados que responderam à pesquisa, 61% têm preferência por vídeos, 60% por textos, 42% se interessam mais por gráficos e desenhos, 34% por fotos e 27% pelo formato de podcast (áudio).

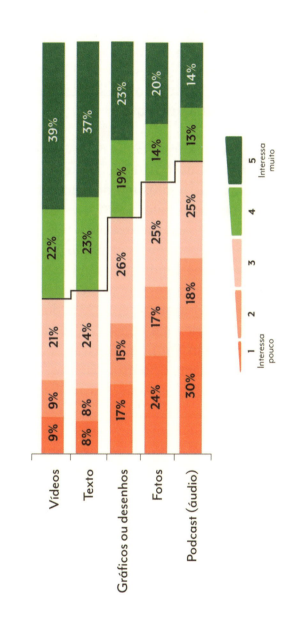

Em relação aos textos é preciso fazer uma ressalva. Na maioria das vezes, as pessoas preferem textos curtos devido à falta de tempo. Por isso, o ideal é que você comece com um resumo e logo em seguida detalhe o restante. Assim a pessoa terá a opção de escolher se quer ler apenas o resumo ou o conteúdo na íntegra, em um texto maior. E o mais importante é que o texto seja bom, que tenha qualidade.

2.3.3. O que os eleitores levam em consideração na escolha do voto

A pesquisa também revela os critérios que o eleitor costuma usar para definir o voto em um candidato. Os principais pontos levados em consideração são a história e a trajetória política (89%), propostas apresentadas (87%) e notícias veiculadas sobre o candidato (63%).

E aqui há uma informação importante. Apesar de ser muito comum os candidatos se preocuparem com comentários e críticas deixados em sites e redes sociais, podemos observar na pesquisa que apenas 23% dos entrevistados levam esses comentários em consideração na hora de definir seu voto. Eles são insignificantes para a formação de juízo de valor do eleitor diante de outros critérios.

Como você vai concorrer numa eleição proporcional, regionalizada, foque a atuação nas regiões do seu trabalho e da sua residência e o relacionamento com pessoas que têm sinergia com a sua forma de pensar ou com suas pautas e bandeiras. Preocupe-se em fazer discursos assertivos e bem orientados para o seu público-alvo. Ele quer saber, resumidamente, se você sabe fazer o que ele quer, se você tem condições para realizar as tarefas e se você sabe o que precisa ser feito. Quanto mais aberto for o seu discurso, menos impactante e envolvente ele será. Os eleitores precisam "comprar" suas ideias como se fossem deles.

ACESSO À INTERNET E CONSUMO DE CONTEÚDO

DOS CRITÉRIOS ABAIXO, O QUE PARA VOCÊ É IMPORTANTE NA HORA DE DEFINIR SEU VOTO EM UM CANDIDATO?

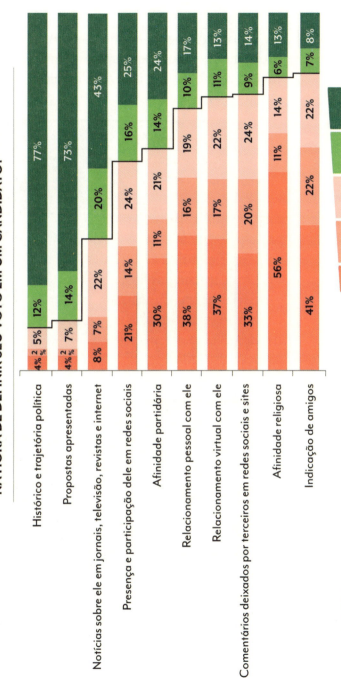

Base total: 3.955 entrevistas

2.3.4. O que os candidatos costumam publicar em seus canais

Agora que você já sabe o que os eleitores querem e suas preferências, separei aqui alguns exemplos do que os candidatos mais fazem e que você deveria evitar.

Que relevância essas publicações têm? Qual é a atratividade para o eleitor? Nenhuma! Então, não faça isso. Se a publicação que você fizer não tiver relação com a vida do seu público, isso o fará se afastar de você.

A publicação de conteúdos irrelevantes, bem como o excesso de publicações e a falta de qualidade do conteúdo, pode levar suas redes a ter um baixo índice de engajamento, o que vai reduzir a sua exposição e prejudicar a sua campanha.

Você acha mesmo que o eleitor, que está no Facebook vendo cachorrinhos, piadas, buscando entretenimento, vai parar na foto de caminhada da sua candidatura e pensar: "Puxa! Eu estava na dúvida para saber em quem votar, mas agora que vi esse candidato caminhando vou dar meu voto para ele"? A pesquisa é muito clara: as pessoas não querem ver esse tipo de conteúdo. No restante deste livro você vai ver muitos exemplos do que pode ser feito para que a construção de sua reputação seja bem-sucedida.

3

Estruturando sua campanha

Para criar uma conexão com o eleitor, de forma que ele faça uma opção consistente quando for votar, é necessário trabalhar muito e de forma organizada, dividindo as ações por fases, de acordo com o momento que os candidatos e os eleitores estiverem vivenciando.

Um dos maiores erros que os candidatos cometem ao tentar obter apoio é escolher o momento errado para os principais atos da campanha, deixando de realizar tarefas importantes ou antecipando movimentos que, no momento inoportuno, são nocivos para a candidatura.

Imagine que boas campanhas eleitorais são como um filme que precisa emocionar os espectadores. Um bom filme precisa ter um roteiro envolvente, trilha sonora inspiracional e conectada ao que está sendo exibido, atores comprometidos com a história e com figurino adequado, enfim, todo um trabalho que fará com que você reflita sobre a mensagem que foi passada ao longo das horas em que a história se desenrolou.

Campanhas funcionam da mesma forma. Você, seus apoiadores e seus críticos fazem parte como atores. Seu *jingle* deve mostrar o espírito da sua campanha. O que você publica nas redes sociais deve criar uma narrativa que fortaleça a reputação que precisa criar ou estabelecer para que os eleitores decidam seus votos. E, claro, tudo dentro de uma linha do tempo que contribua para sua vitória.

Muita gente não entende, por exemplo, quão ruim pode ser lançar-se como pré-candidato na hora errada. Outros não entendem que há um período correto para falar de propostas e de pedir votos. Esse é um dos motivos pelos quais a relação com os eleitores acaba não surtindo efeito.

É como se uma pessoa que você acaba de conhecer lhe pedisse seu carro emprestado. Acredito que a maioria das pessoas negaria o pedido. Mas, se for alguém que você conhece há algum tempo, que tem afinidade com os seus valores e princípios, que não se aproximou de você apenas para pedir seu carro emprestado, que você sabe que tem habilidade para dirigir e maturidade para lidar com os problemas que podem surgir, talvez você emprestasse.

Com o voto é igual. Há pessoas que escolhem em quem votar olhando papéis que foram jogados no chão no percurso até a cabine de votação, há outras que vendem o voto, mas a maioria escolhe por afinidade com o candidato.

Vou dar um exemplo da vida cotidiana. Quando duas pessoas estão se conhecendo, uma não pergunta à outra no primeiro encontro: "O que você acha da gente se casar?" Caso seja tão afoita, provavelmente afugentará o seu par. Para avançar, ela conversa bastante, cria empatia mostrando pontos em comum entre as duas, tanto de história de vida quanto de valores morais e crenças, até que a outra parte se mostre confortável em sua presença e a veja como "igual". Chamamos essa etapa de "sensibilização". Durante a fase de sensibilização, exagerar em tentar criar empatia pode gerar o efeito oposto, distanciando o interlocutor. O melhor a fazer é ser verdadeiro, autêntico, legítimo.

Depois, criada a empatia, ainda não há espaço para o pedido de casamento. É preciso mais. É preciso aquilo que chamamos de "motivação". A motivação vem de "motivos" para fazer algo juntos. Por exemplo, seria muito ruim ser chamado para sair com uma pergunta mais ou menos assim: "Agora que já nos conhecemos, o que acha de sairmos para que eu te divirta?", ou, pior ainda, "agora que já nos conhecemos, o que acha de sairmos para que você me divirta?"

Bons motivos são coletivos, não fruto de desejos individuais. Certamente a pergunta que traria melhores resultados seria algo como: "Agora que começamos a nos conhecer e vimos que temos muitas coisas em comum, o que acha de sairmos para nos divertirmos um pouco e, quem sabe, nos conhecermos um pouco mais?"

Só depois da etapa de motivação, em que as pessoas entendem que compartilham de bons motivos para permanecer lado a lado, é que se abre espaço para que a mobilização aconteça, isto é, para que um pedido de comprometimento tenha mais chances de ser atendido.

A mesma coisa acontece na política. Quando um candidato, antes de mostrar que conhece a realidade do eleitor, começa prometendo coisas, a pessoa se afasta.

O candidato não deve chegar para uma pessoa e dizer "Meu nome é fulano e eu quero me eleger vereador pelo bairro para resolver a sua vida", nem apelar para "Meu nome é fulano e eu quero ser vereador porque é meu sonho desde criança e eu quero contar com seu apoio". Essas abordagens são muito ruins porque não mostram motivos coletivos.

Veja como esta forma funciona melhor: "Oi, tudo bem? Eu sou fulano, a gente ainda não se conhece, eu moro aqui na região, sou filho da dona Marli, que é dona de casa, fui educado aqui na escola municipal X, da Rua Y, e depois de tanto tempo morando aqui eu entendo que estamos precisando de um representante na região para cuidar das coisas. Eu vejo as ruas esburacadas, a alimentação das crianças na creche está horrível. E, depois de conversar muito com a minha esposa, minha família e meus amigos, resolvi me candidatar a vereador. Porque eu acho que podemos mudar isso. A gente só precisa ter alguém que escute, que converse com as pessoas, conheça a nossa realidade e seja capaz de trabalhar. É por isso que eu gostaria de contar com seu apoio". Percebe a diferença? Grave bem os passos: sensibilizar, motivar e mobilizar.

3.1. Calendário das fases de campanha

Eu costumo dividir a linha do tempo da candidatura em três fases: aquecimento (sensibilização), pré-campanha (motivação) e campanha (motivação e mobilização).

No cronograma de planejamento da sua campanha, a fase de aquecimento é todo o período que precede o ano eleitoral, ou seja, vai até o dia 1º de janeiro do ano da eleição, e é o período destinado à construção da reputação e sensibilização do eleitor, quando você conquista a empatia e mostra que conhece a realidade dele.

Fase de Aquecimento
Período de construção de reputação e sensibilização

A segunda fase é a da pré-campanha, que inicia em janeiro do ano eleitoral e vai até a véspera do início do período eleitoral. Esse período é destinado à ampliação da reputação e início da motivação, quando você apresenta motivos para as pessoas o apoiarem.

Fase de Pré-campanha
Período de ampliação do alcance e início da motivação

A última fase é a da campanha propriamente dita, de agosto a outubro, em que você vai apresentar as propostas e mobilizar as pessoas para divulgarem sua candidatura e votarem em você. Se você seguir essas etapas, a sua chance de vitória será muito maior, pois a maioria dos candidatos não faz isso e parte direto para a mobilização, o que gera um grande distanciamento dos eleitores.

Fase de Campanha
Período de presença na rua e mobilização

3.2. O que fazer em cada fase

Conquistar o voto não é uma das tarefas mais fáceis que existem e toma tempo. É preciso estabelecer uma relação com os eleitores, algo que não acontece da noite para o dia.

Vale repetir: a fórmula para o voto é gerar empatia, além de motivar, mostrando que conhece as necessidades do seu público, que está disposto a trabalhar e que ouvirá as pessoas em sua atividade parlamentar.

Após a consolidação desses pontos, ainda será preciso mobilizar o eleitor para votar, visto que muitos deixam de comparecer às urnas.

Há um caminho mais assertivo para que sua campanha seja bem-sucedida, que passa pela execução de ações no tempo correto. Daí a importância de um bom planejamento das fases da campanha.

3.2.1. Aquecimento

O objetivo da fase de aquecimento é construir e reforçar a sua reputação. E por "reputação" entenda a imagem que os eleitores formarão sobre você.

É nesse momento que você define que será candidato, mas ainda não se manifesta publicamente sobre o assunto. Evite ao máximo dizer que é de fato candidato a vereador, pois antecipar essa posição trará mais problemas do que empatia. Muita gente irá se aproximar para ser contratada como cabo eleitoral, e as pessoas que poderiam simpatizar com você acabarão ficando desconfiadas de suas intenções ao se aproximar. Vale posicionar-se apenas como um especialista ou porta-voz dentro dos seus temas de atuação.

Nessa fase, a primeira coisa a fazer é definir a candidatura: escolher os temas que irá abordar, os públicos aos quais irá direcionar sua comunicação, as regiões em que vai atuar e o seu posicionamento ideológico e/ou partidário.

Outra tarefa importante da fase de aquecimento é a construção de banco de dados, que pode ser feita a partir de ações de rua, como coleta de assinaturas, eventos presenciais, palestras, porta a porta, *blitz* ou de forma on-line, por meio de impulsionamento, *lives* e outros eventos virtuais.

Essa primeira fase também é importante para você organizar os seus canais de comunicação, estabelecer quais serão utilizados e fazer uma análise do seu próprio conteúdo.

Cabe fazer um pente-fino em tudo que você publicou anteriormente em seus canais digitais e deletar publicações antigas que podem ser utilizadas fora do contexto, ou que possam ser usadas por adversários para prejudicar a sua imagem durante a campanha.

Para planejar o seu conteúdo, foque apenas temas da sua área de atuação e comece a se fazer presente em eventos e reuniões que tenham sinergia com suas pautas e regiões. Você pode, por exemplo, pedir espaço na associação do bairro, na igreja, no partido ou em vários outros lugares para fazer uma apresentação com informações e dados importantes sobre suas bandeiras, e ainda apresentar possíveis soluções que o município poderia adotar para resolver tais questões.

Para ajudá-lo, fizemos uma lista com as principais ações que você deve realizar nessa fase de aquecimento da candidatura.

Confira o *checklist* das ações da fase de aquecimento:

Definir candidatura

- Definir temas que irá abordar
- Definir públicos com os quais irá trabalhar
- Definir regiões de atuação
- Definir posicionamento ideológico e partido

Construir base de cadastros

- Promover ações de rua (palestras, porta a porta, *blitz*)
- Promover ações virtuais (*lives*, mobilização)

Estabelecer canais de comunicação

- Definir canais que serão usados
- Abrir e configurar canais que ainda não eram utilizados
- Adequar canais existentes
- Revisar conteúdo publicado anteriormente

Construir reputação nos temas de atuação

- Planejar e publicar conteúdo nos canais de comunicação
- Compartilhar conteúdo em canais de disseminação
- Participar de eventos presenciais
- Promover *lives* temáticas

3.2.2. Pré-campanha

Nessa fase é importante ter foco em ampliar o alcance do seu conteúdo e de suas ideias e reforçar sua reputação nas suas pautas de trabalho. A ideia é que, à medida que o período eleitoral for se aproximando, vá marcando na cabeça do seu eleitor que você representa uma boa solução para o problema que ele enfrenta.

Um dos momentos mais importantes dessa fase é o lançamento público da sua candidatura. Você não ganha muito em adiantar esse anúncio, então segure o máximo de tempo que for possível e vá se posicionando apenas como um representante da pauta e/ou região. Caso decida fazer arrecadação de recursos (vaquinha virtual), lance sua candidatura próximo à data de lançamento da sua campanha de financiamento (permitida a partir de meados de maio). Se esse não for o seu caso, recomendo que lance sua candidatura próximo à data da convenção partidária (meados de julho).

A partir do momento que decidir tornar sua candidatura pública, eu recomendo que você divida esse lançamento em dois: primeiro para seu círculo interno de relacionamento (familiares e amigos) e depois para seu público externo (apoiadores, simpatizantes e correligionários).

SENSIBILIZE FAMILIARES E AMIGOS EM TORNO DA SUA CANDIDATURA

Para ter mais chance de sucesso na sua empreitada eleitoral, é preciso contar com o apoio e o engajamento das pessoas mais próximas a você para garantir esse suporte. Sugiro que, ao fazer a reunião de anúncio da candidatura, você conte primeiro para três ou quatro pessoas de confiança e combine com elas uma manifestação de apoio (aplausos) durante o seu anúncio. Isso vai aumentar as chances para que outros participantes do encontro também declarem apoio ao seu projeto.

Outra parte importante dessa sensibilização à sua candidatura é envolver aquele grupo de pessoas na decisão, tornando-a coletiva. Direcione sua fala nesse sentido: "Eu recebi um convite e gostaria de consultar vocês. O partido X me convidou a ser candidato a vereador neste pleito e eu gostaria de ouvi-los". E é exatamente nesse momento que aquele pequeno círculo de confiança deve começar os aplausos e manifestações de apoio. Quando você tem o apoio da família, a candidatura deixa de ser só sua e passa a ser também daquele grupo.

A fase da pré-campanha também é o momento para ampliar as ações que estava realizando durante a fase de aquecimento, como a captação de cadastros e publicações de conteúdos temáticos e/ou regionais.

E o que você pode fazer para aumentar o seu banco de dados? Intensificar as ações de rua e fazer ações virtuais, como *lives* e campanhas de mobilização. Se antes fazia uma *live* a cada duas semanas, no período da pré-campanha você vai transmitir *live* toda semana. A mesma coisa com as ações porta a porta. Se você fazia isso um fim de semana por mês, agora vai fazer dois.

A lógica para ampliação da reputação é a mesma. Se no período do aquecimento você publicava um post por semana, agora vai publicar três. É preciso dar ritmo para a campanha. Ela vem em uma crescente. A fase do aquecimento é o início, o ritmo é um pouco mais lento. Na pré-campanha é hora de começar a acelerar, de produzir mais, de ter mais volume de ação.

Para facilitar, fizemos uma lista com as principais ações que você deve realizar nessa fase da sua candidatura.

Confira o *checklist* das ações da fase de pré-campanha:

Lançar a pré-candidatura

- Fazer lançamento para público interno
- Fazer lançamento para público externo

Abrir arrecadação de doações (opcional)

- Pesquisar e contratar a plataforma de arrecadação
- Definir o uso dos recursos arrecadados

Ampliar captação de cadastros

- Intensificar ações de rua (palestras, porta a porta, *blitz*)
- Intensificar ações virtuais (*lives*, mobilização)

Ampliar construção de reputação temática e/ou regional

- Publicar mais conteúdos nos canais digitais
- Compartilhar conteúdos com públicos de interesse
- Realizar mais eventos presenciais e virtuais

3.2.3. Campanha

Após o aquecimento e a pré-campanha, a última fase é, de fato, a campanha. A campanha eleitoral no Brasil dura cerca de 45 dias, com início em meados de agosto e fim no primeiro domingo de outubro, no dia da eleição. O período eleitoral é marcado por bastante presença do candidato na rua e mobilização para voto. Agora é a hora de colocar o seu banco de dados em ação.

Para se organizar melhor, divida o período eleitoral em três grandes etapas: sensibilização, motivação e mobilização (expliquei as etapas na abertura deste capítulo).

Nas primeiras semanas, faça a sensibilização do seu público, fale sobre quem você é, de onde veio, conte sua história e fale sobre sua trajetória dentro de suas pautas de reputação. É interessante marcar um evento para o lançamento da candidatura, mesmo que tenha feito o lançamento da pré-candidatura.

Depois, use as semanas seguintes para motivar as pessoas a escolherem você como um representante, apresente suas propostas e soluções para os problemas do seu público.

Por último, utilize as duas últimas semanas de campanha para mobilizar as pessoas para a urna, incentive o comparecimento para a votação, faça marcação do seu número e peça o voto de todos que cruzaram seu caminho nessa jornada.

Fizemos uma lista com as principais ações que você deve realizar nessa fase de aquecimento da candidatura.

Confira o *checklist* das ações da fase de campanha:

Lançar a candidatura

- Convidar e comunicar o lançamento para a base de cadastros
- Realizar um evento de lançamento
- Divulgar o lançamento nos canais digitais

Intensificar presença de rua

- Ampliar as ações de abordagem ao público (*blitz, pit stop*)
- Ampliar as ações porta a porta
- Ampliar os eventos de apoio (caminhadas, carreatas, bandeiraços)

Intensificar presença digital

- Publicar mais conteúdos nos canais digitais, seguindo as fases de sensibilização, motivação e mobilização
- Divulgar os principais conteúdos para a base de cadastros por WhatsApp, e-mail e outros meios

4

Definindo sua candidatura

No capítulo anterior abordamos o planejamento da campanha e suas fases, e chegou o momento de tratarmos da definição da sua candidatura, o que você tem a oferecer aos eleitores, o que eles esperam que você faça, quais argumentos pode usar na sua comunicação, enfim, o que você precisa fazer para se colocar como alternativa eleitoral.

É preciso sempre ter em mente que o marketing não fabrica candidatos, como muitos imaginam. O marketing é um facilitador para que candidaturas sejam mais bem percebidas pelos eleitores, ajudando-os na escolha correta de seus representantes.

A comunicação de um candidato é muito diferente da comunicação de um produto comercial. Um candidato não é um elemento concreto como uma bicicleta, um chocolate, um celular, ou qualquer outra coisa que o consumidor já sabe como funciona e o que esperar dela.

Um candidato é uma pessoa com uma história de vida, experiências próprias, uma carreira única, com valores morais personalizados e projetos que estão somente na sua cabeça.

No mundo corporativo, o marketing tem uma métrica diferente também, chamada de retorno sobre investimento (ROI), em que cada recurso financeiro investido precisa retornar a quem investe. No marketing político o retorno é outro. Não é lucro, é voto na urna.

O foco dos candidatos muitas vezes se perde no caminho da conquista dos votos, pois acabam perdendo tempo e dinheiro com ações que não refletem no resultado eleitoral. Muitos, em vez de focar a sua construção de reputação, preferem investir em soluções mágicas, como compra de seguidores em redes sociais, envio de mensagens indesejadas por WhatsApp, pedido de votos no momento errado.

A base para a conversão do voto está na afinidade entre eleitores e candidatos. O eleitor deve escolher um candidato que pareça conhecer a sua realidade, que sabe o que deve ser feito, que mostrou ter capacidade para fazer o que deve ser feito e que, em alguma medida, tem alinhamento de valores morais com ele. O que move o eleitor é a expectativa de melhoria de vida.

4.1. Tripé da candidatura

Para definir a sua candidatura e a maneira como ela será apresentada ao eleitor, você precisa se organizar em três frentes: coleta de informações, definição de argumentos e escolha de públicos.

4.1.1. Coleta de informações

A coleta de informações é essencial para saber o que dizer e quando dizer para mobilizar os eleitores e angariar novos apoiadores. Sugiro que neste capítulo você faça anotações. Basta seguir o passo a passo que apresento nos próximos parágrafos e você sairá com a sua candidatura definida.

É importante dizer também que, quando falo em informações, estou me referindo à base de dados que você terá para produzir os conteúdos e apresentar o posicionamento da sua campanha. Para obter essas informações, você tem dois caminhos: a pesquisa qualitativa e a pesquisa quantitativa.

O que é e como usar a pesquisa qualitativa

A pesquisa qualitativa consiste em um grupo focal, uma espécie de reunião com até 12 pessoas em uma sala com a presença de um moderador que incentiva essas pessoas a falarem a respeito de um determinado tema. Como ferramentas para estimular a discussão, o moderador pode usar fotos e vídeos e fazer perguntas.

O objetivo da pesquisa qualitativa é identificar o sentimento das pessoas. Por exemplo, o moderador mostra uma imagem e pergunta aos indivíduos do grupo focal como eles se sentem. O custo para contratação desse tipo de pesquisa por grupo focal é, em média, de 8 a 12 mil reais. E o ideal é que seja feita com mais de um grupo. Existem campanhas de prefeitos que chegam a fazer pesquisa com vinte grupos focais.

Antes de você se desesperar com a falta de recursos, saiba que pode adequar a pesquisa qualitativa para a sua realidade, para a sua candidatura de vereador.

Considere como grupos focais os grupos da igreja, a reunião com os amigos, o boteco, o supermercado, a feira, o restaurante, a banca de jornal, o clube recreativo.

Você mesmo pode fazer a sua qualitativa, desde que seja discreto e não anuncie a sua candidatura antes de realizar a pesquisa. Quando você diz que é candidato, as pessoas podem ter má vontade para responder e também não dizer exatamente o que pensam, por medo de suas reações.

Vá aos lugares de circulação, converse com as pessoas, evite falar que é candidato e anote, de forma organizada, tudo que escutar, incluindo o dia e o local em que fez a escuta.

Vale lembrar que as pessoas falam incentivadas por acontecimentos, portanto não faça esse tipo de pesquisa quando as atenções estiverem voltadas para grandes acontecimentos, como o período de Carnaval, uma eventual tragédia ou situação caótica, como racionamento de água, pois as respostas podem não refletir exatamente a situação. É como pedir informações a alguém que está febril.

Você pode fazer perguntas relacionadas aos temas que pretende defender em sua campanha. Por exemplo, se você é um candidato a vereador e seu ponto mais forte é o conhecimento de uma região, suas perguntas devem estar relacionadas à avaliação da gestão pública do local. Sugiro perguntas como: "Tem alguma queixa relacionada à iluminação pública?", "Sente a necessidade de que haja um vereador representante da região?", "Tem apreço por algum nome para candidato a vereador? Por quê?"

Quando perguntar se algo está bom, pergunte como era há um ano, há dois anos. Isso vai servir para saber se aquela pauta é ou não relevante. Caso a percepção do eleitor mude com o tempo, para melhor ou para pior, significa que é um assunto importante para a sua candidatura. Mantida a percepção sobre o tema, como se não houvesse melhora ou piora, isso pode significar que o tema não tem tanta relevância. Por exemplo, considerando que a sua bandeira é a defesa de uma pauta específica, como saúde, é importante fazer perguntas que mostrem a compreensão dos problemas apontados nesse tema. Lembre-se de questionar se a pessoa é usuária do serviço e com que frequência o utiliza.

Outra boa questão para a pesquisa qualitativa é perguntar para as pessoas como seria o vereador ideal, quais as características que ele deveria ter. Anote as informações para usar quando for formatar a sua candidatura.

O que é e como usar a pesquisa quantitativa

A segunda forma de levantar informações para definir a sua candidatura é por meio da pesquisa quantitativa. Em geral, essas pesquisas são realizadas por institutos, e o custo pode variar de 10 a 100 mil reais.

Mas, assim como a qualitativa, você também pode realizar a sua própria pesquisa quantitativa. Sugiro que você tenha uma pessoa para ajudá-lo.

Escolha a rua de um bairro e peça ao seu ajudante que faça a pesquisa porta a porta nessa rua. Ele vai tocar a campainha, se apresentar como funcionário do candidato tal (incluir o seu nome), perguntar o nome do morador e fazer o questionário.

Para facilitar a tabulação dos dados, o ideal é que esse formulário seja composto por perguntas com respostas fechadas, nas quais o respondente seleciona uma ou diversas alternativas dentre um conjunto de alternativas predefinidas e de acordo com o que você pretende fazer na sua campanha.

Para uma candidatura à vereança, perguntas sobre zeladoria (asfalto, iluminação, coleta de lixo), uso e satisfação com serviços públicos, como educação e saúde, são essenciais. Vou dar alguns exemplos:

1. O que o senhor está achando da iluminação do bairro?
   ( ) Péssima
   ( ) Ruim
   ( ) Regular
   ( ) Boa
   ( ) Excelente

2. O senhor tem filhos na escola municipal?
   ( ) Sim ( ) Não

3. Em caso de resposta afirmativa à pergunta anterior, como você avalia a escola do(s) seu(s) filho(s):
   ( ) Péssima
   ( ) Ruim
   ( ) Regular
   ( ) Boa
   ( ) Excelente

4. Entre os candidatos a vereador, em qual o senhor votaria?
   ( ) Candidato A
   ( ) Candidato B
   ( ) Candidato C
   ( ) Candidato D

5. Qual é a sua faixa etária?
   ( ) Menos de 16 anos
   ( ) De 17 a 24 anos
   ( ) De 25 a 34 anos
   ( ) De 35 a 45 anos
   ( ) De 46 a 54 anos
   ( ) Mais de 55 anos

- Além de realizar a pesquisa quantitativa, esse é o momento para divulgar o nome do candidato. O seu ajudante vai de porta em porta fazendo a pesquisa e, a cada pergunta, ele repete o seu nome. "Fulano, o sr. Candidato também pediu que eu perguntasse..." Quanto mais isso se repetir, mais o seu nome se tornará conhecido e facilitará uma abordagem mais pessoal no futuro.

O resultado da pesquisa vai lhe mostrar, rua por rua, o que as pessoas pensam, até que ponto elas estão satisfeitas ou insatisfeitas com o poder público, se elas usam os serviços públicos. Ao final de cada dia de pesquisa de rua, alimente uma planilha com os dados coletados.

Após organizar os dados na planilha, você pode enviar uma carta ou WhatsApp para os entrevistados, agradecendo por terem respondido à pesquisa.

Veja um exemplo de mensagem para essa ação:

"Olá, Sr. José. Tudo bem? Aqui é o (nome do candidato).

Eu pedi recentemente ao(à) (nome da pessoa que fez a entrevista) que fosse à sua residência para fazer algumas perguntas. Eu gostaria de saber se correu tudo bem, se o senhor gostaria de acrescentar mais alguma informação.

O(a) (nome da pessoa que fez a entrevista) me disse que a iluminação está... (resultado da pesquisa), que a coleta de lixo está... (resultado da pesquisa).

Fica aqui o meu WhatsApp para o senhor entrar em contato comigo.

Muito obrigado por participar da pesquisa. Vou ver como consigo contribuir para melhorar a situação".

Ao receber essa mensagem, via WhatsApp ou por carta, a pessoa se sente ouvida. E isso é extremamente importante para a sua campanha. Uma das coisas que o eleitor mais deseja é ser percebido pelo agente público. Ele quer ter a certeza de que você sabe que ele existe.

Ao realizar essa pesquisa, além de coletar dados, você divulga e reforça seu nome e entrega um juízo de valor. Isso pode fazer toda a diferença na sua campanha.

Ainda falando sobre a coleta de informações, é importante que você também faça um levantamento sobre a sua história de vida, seus valores morais, suas crenças ideológicas, posicionamentos políticos, os temas com os quais você tem mais afinidade e segurança para abordar. Por isso, preparamos uma lista de perguntas para ajudá-lo a estruturar a sua candidatura nesse aspecto.

Perguntas que você precisa responder para estruturar sua candidatura

Como muitos candidatos relatam dificuldades na hora de organizar a própria candidatura, principalmente em relação à base de conteúdos, recomendamos fazer um documento em que você coloque as respostas para as perguntas abaixo. Ao final deste livro há um formulário para você consolidar e anotar as respostas para essas perguntas. Ao preencher esse formulário, você estará com a estrutura da sua campanha definida. Nesse documento estão os elementos principais que você precisa organizar para começar a comunicação da sua candidatura.

- Qual é a minha origem familiar? Quem é a minha família e quais são as minhas raízes?
- De onde eu vim? Onde nasci? Onde já vivi? Por onde passei?
- Qual é minha ligação com a religiosidade?
- Qual é a minha região principal de trabalho? Qual é a região onde moro e que frequento? Com qual região tenho ligação?
- Qual é a minha ideologia predominante (social, liberal, conservadora)?
- Qual é o meu posicionamento político em relação ao governo municipal atual? Oposição, apoiador ou neutralidade?
- Qual é a minha visão sobre política? Como vejo o impacto da política na vida das pessoas?
- Quais são os temas que eu domino? Por quais temas eu sou reconhecido? (O ideal é que você escolha três, no máximo.)
- Quais desafios meus possíveis eleitores vivem?

- O que tenho a oferecer caso seja eleito? Como posso ser um facilitador para soluções aos desafios dos meus eleitores?
- Por que desejo me candidatar à vereança? Quais são as minhas motivações?

A maioria dos candidatos tem tendência a responder que deseja ser vereador porque é um sonho ou porque quer resolver os problemas das pessoas. Porém, uma coisa é o que você quer que as pessoas percebam, outra é o que você deve dizer.

Você não deve dizer quem você é, deve dizer como pensa, contar sua história de vida, coisas que aconteceram com você, sua trajetória, suas crenças, e deixar que o eleitor forme o juízo de valor sobre quem você é. Por exemplo, pouco adianta dizer a alguém: "Eu sou a maior autoridade em saúde da cidade". Sua fala não vai causar empatia – pode até gerar antipatia. Melhor seria se outra pessoa referendasse o fato ou mostrasse situações que geram esse conceito.

Quando for responder à pergunta sobre por que deseja ser vereador, tenha em mente as etapas da comunicação: sensibilização, motivação e mobilização. Você começa criando empatia, falando coisas que estejam ao redor daquele que o está ouvindo, depois fala como poderia contribuir em conjunto e, ao final, diz que quer o apoio dele.

Repare que as respostas podem gerar um ótimo vídeo de apresentação para os eleitores. Seja honesto em todas!

4.1.2. Definição de argumentos

A segunda parte para definição da sua candidatura é a escolha dos argumentos que serão utilizados na sua comunicação com os eleitores.

Eu costumo separá-los em três níveis – básico, intermediário e profundo:

- O básico é utilizado para falar com o "eleitor médio", que não é profundo conhecedor de um tema específico (população em geral).

- O nível intermediário é usado para se relacionar com influenciadores, eleitores que conhecem os temas e estimulam outras pessoas a falar (ex.: radialista, youtuber, presidente de associação de bairro).
- O nível profundo é usado para falar com especialistas (o que raramente usamos).

Para campanhas a vereador, eu recomendo que você invista na construção de argumentos básicos e intermediários. É provável que você não tenha tempo para falar com especialistas em nível aprofundado. Além disso, especialistas não costumam ser conversores de muitos votos. Os especialistas são mais bem aproveitados em campanhas majoritárias.

Além dos níveis, os argumentos têm classificações por tipo:

1. Argumentos racionais e emocionais

- **Racionais** – argumentos que levam o eleitor a racionalizar, ponderar, comparar. Ajudam a formar juízo de valor, fazem ligação com o pensamento racional. Esses argumentos estão relacionados a economia e eficiência. Exemplo: "Precisamos fazer com que a prefeitura invista melhor o dinheiro para o asfalto do bairro do Andaraí. Com o que é gasto, ele deveria durar mais do que duas chuvas".
- **Emocionais** – argumentos que levam o eleitor a criar uma conexão emocional com o que você está transmitindo. Ajudam a criar empatia, conectando-se ao coração das pessoas, e tendem a ser mais abrangentes. Estão relacionados ao senso de pertencimento e identificação de valores morais. Argumentos ligados à fé, à esperança, à inspiração são exemplos. Exemplo: "O investimento nas creches não é somente nas crianças, mas na liberdade para que as mães possam trabalhar com dignidade e tranquilidade".

2. Argumentos temporais e atemporais

- **Temporais** – argumentos que passarão por algum tema que está em debate no momento, como combate à corrupção, preocupação com questões ambientais e sociais. São ligados a acontecimentos recentes e mostram que sua candidatura está conectada ao atual, transmitindo aos eleitores a percepção de conhecimento. Exemplo: "O atropelamento do menino Daniel, na semana passada, mostra que nossas crianças estão correndo risco por causa da falta de espaços de lazer".
- **Atemporais** – argumentos que independem do tempo em que são colocados. São assuntos que estão presentes na discussão do cotidiano de forma permanente. Exemplo: "A saúde pública precisa de atenção desde sempre, sem que um vereador se dedique integralmente a cuidar dela".

3. Argumentos transversais e segmentados

- **Transversais** – argumentos que dizem respeito a toda a população, não somente a um determinado grupo social, aos residentes de uma região ou usuários de um serviço público. Exemplo: "A prefeitura precisa incorporar um programa de alimentação saudável para todas as pessoas, pois, independente da idade e da condição social, estamos todos ficando doentes".
- **Segmentados** – argumentos que estão relacionados a parte da população. Exemplo: "Sem uma reforma responsável, a previdência dos funcionários públicos vai acabar, prejudicando aqueles que tanto trabalharam pela nossa cidade".

4.1.3. Escolha de públicos

O passo final que você precisa compreender para definir sua candidatura é a escolha dos públicos com os quais você trabalhará durante sua campanha. Eles são divididos em quatro partes:

- Regional: microrregião, bairro, zona, cidade
- Setorial: saúde, educação, segurança, outros
- Ideológico: conservador, liberal, social
- Segmentados: evangélicos, funcionalismo público, profissionais liberais

É importante sempre lembrar que você não precisa falar com todas as pessoas para vencer uma eleição. Precisa falar com aquelas que têm afinidade com o que sua candidatura oferece. Do ponto de vista da comunicação política, vale muito mais você falar diversas vezes com um público certo do que falar esporadicamente com muitos públicos diferentes. Quer um exemplo? Imagine que você esteja em um ambiente social, uma festa, e diga o seu nome apenas uma vez para todos que estão ali. Ao final do evento, talvez menos de 10% das pessoas se lembrem do seu nome. Teria sido melhor você escolher um grupo de pessoas e passar mais tempo com elas. Aí, sim, mais pessoas poderiam ficar com você na memória.

O público preferencial ou prioritário são as pessoas com quem você tem maior afinidade e cujo apoio você tem mais chances de conquistar. Muitos candidatos erram ao buscar convencer eleitores que não têm identidade com a candidatura.

Em vez de ficar tentando converter pessoas aleatórias, agregue primeiro o eleitorado que tem a ver com você e com seu projeto político. Por exemplo: não adianta o candidato que é liberal querer fazer campanha nas proximidades de órgãos do governo, locais cheios de funcionários públicos. É dedicar muito tempo para pouca conversão.

4.2. Exemplos de estrutura de candidaturas

Após identificar o tripé da sua candidatura (levantamento de informações, compreensão dos tipos de argumentos e públicos), é hora de estruturar um documento que resume tudo. Lembra-se das perguntas que coloquei no capítulo anterior? Agora você precisa incluir os argumentos principais que utilizará, as regiões de trabalho (bairros e regiões) e a definição de públicos (regional, setorial, ideológico, segmentado).

Para facilitar o entendimento, separei exemplos de candidatura de cada um dos perfis ideológicos de que tratamos, simulando cenários diferentes para que você possa planejar a sua campanha e entender, na prática, como apresentar a sua candidatura, temas preferenciais, argumentos, regiões de trabalho para priorizar, públicos preferenciais e resumo dos motivos pelos quais decidiu ser vereador.

A. Candidato liberal em primeira campanha

Perfil: candidato iniciante na política, professor, ligado a partido liberal, com 25 anos, cidade entre 50 e 200 mil eleitores.

Posicionamento ideológico

- Revisão do orçamento do município para redução de custos da máquina pública
- Atualização e revisão de leis municipais
- Privatização de empresas municipais
- Revisão e redução dos gastos da Câmara Municipal e de gabinetes
- Liberação de aplicativos de motoristas

O candidato deve se mostrar

- Contrário ao governo por questões ideológicas (considerando que o governo é social ou conservador)
- Crítico aos gastos públicos
- Conhecedor de soluções que mantenham a qualidade dos serviços, mas que reduzam os custos
- Defensor de novas tecnologias dentro da gestão pública

Temas preferenciais

- Desburocratização
- Redução de impostos
- Desenvolvimento econômico

Repare que coloquei apenas três temas. Eles são suficientes, porque podem se desdobrar em vários assuntos. O tema da desburocratização, por exemplo, pode se estender para uma proposta de aplicativo para marcação de consulta pelo celular; propor que a prefeitura ofereça um serviço pela internet para que o morador não tenha que se deslocar para conseguir a segunda via do carnê do IPTU; e defender a abertura de empresas em um tempo mais rápido. E, quando você vai trabalhar a região e os públicos, esse conteúdo se torna ainda mais extenso.

Argumentos

	BÁSICO	INTERMEDIÁRIO	PROFUNDO
RACIONAIS	O governo custa demais e produz pouco.	O IPTU da sua casa está sendo usado para pagar despesas de carros oficiais.	Em comparação com outros municípios, a carga tributária aplicada não retorna em serviços.
EMOCIONAIS	Mais tempo para sua família e maior poder aquisitivo.	O governo não pode ser um empecilho para a sua vida, ele precisa ajudar em vez de atrapalhar.	O tamanho da máquina pública e a sua burocracia impedem o desenvolvimento da cidade, a criação de empregos e que o dinheiro chegue ao seu bolso.
TEMPORAIS	É preciso acabar com o desperdício do nosso dinheiro. Vamos pôr um fim à corrupção.	Você trabalha ao menos um mês por ano apenas para cobrir o custo da corrupção. É uma torneira pingando constantemente. Precisamos fechá-la, começando pela Câmara de Vereadores.	A corrupção na política não está somente na questão eleitoral, está também enraizada nas empresas municipais, que acabam tendo menos fiscalização por parte da imprensa tradicional, está na Câmara, com gastos sem a destinação explícita, e nos acordos com empresários corruptos. No fim, quem paga a conta somos nós.
ATEMPORAIS	A vida de quem vive aqui já foi melhor, e é possível voltar a ser. Há um caminho.	É possível ter uma cidade melhor, mais bonita, que gere empregos e renda, sem estrangular as pessoas com impostos e dando incentivos para o desenvolvimento.	O número de empregos gerados na cidade não é suficiente para que as famílias se mantenham com dignidade. A economia criativa pode servir para cobrir esse déficit, mas a prefeitura precisa de políticas públicas que colaborem.
TRANSVERSAIS	Você tem o direito de comer o que quiser. Não são os vereadores que definem a sua dieta.	Os vereadores do município querem aprovar uma lei municipal que restringe o sal nos restaurantes e também instituir o dia sem carne vermelha nas escolas municipais. É o Estado fazendo escolhas por você.	A função do município não é tutelar munícipes e limitar o comércio. O poder municipal deve prestar serviços essenciais para a população, como coleta de lixo, manutenção das ruas, escolas e postos de saúde. É uma questão de priorizar o essencial.
SEGMENTADOS	Vamos melhorar o trânsito no centro da cidade.	Os investimentos em escolas, atendimento médico e lazer estão concentrados no centro, fazendo o munícipe se deslocar muito para ser atendido.	Para que o trânsito no centro da cidade melhore, é preciso descentralizar os serviços públicos, fazer a prefeitura chegar aos bairros em unidades regionais, e também informatizar o máximo de processos possível, de modo a reduzir os deslocamentos.

Regiões de trabalho

- Áreas de comércio e serviço
- Região em que reside (bairro e arredores)
- Arredores de instituições de ensino particular

Públicos preferenciais

- Jovens de 16 a 25 anos
- Comerciantes
- Profissionais liberais
- Fãs em redes sociais de partidos liberais
- Fãs em redes sociais de aplicativos, como Uber e *Airbnb*

Por que ser vereador?

Há muitos anos acompanho a política na nossa cidade, monitorando a Câmara de Vereadores, o prefeito e o que acontece nas ruas e nos bairros. Como professor, escuto também muito do que acontece por meio dos alunos, que contam os problemas de onde moram e também a luta para conseguir trabalho.

É difícil haver uma família que não tenha alguém precisando trabalhar, e mais difícil ainda é encontrar alguém que considere que seus impostos estão sendo aplicados do jeito que deveriam.

Por esses motivos, resolvi me candidatar a uma cadeira de vereador. É possível, sim, mudar o jeito como as coisas vêm sendo feitas, estimulando o comércio e os serviços, tirando as amarras para que investimentos aconteçam, e também olhando para dentro da gestão, reduzindo custos da prefeitura e investindo melhor o que é arrecadado.

Repare que no primeiro parágrafo estou apenas criando empatia, mostrando o sentido da candidatura, apresentando o candidato como alguém conhecedor dos problemas. No segundo parágrafo, agrego elementos que gerem mais empatia. E, no último parágrafo, o candidato transmite a esperança necessária de que há um caminho para que as coisas mudem.

B. Candidato conservador em reeleição

Perfil: candidata à reeleição, advogada, ligada a partido conservador, com 50 anos, cidade acima de 200 mil eleitores.

Posicionamento ideológico

- Projetos de contenção de despesa para o município
- Valorização dos servidores públicos
- Controle de crescimento desorganizado
- Políticas públicas relacionadas à família
- Regulação de atividade comercial
- Zoneamento urbano
- Controle de população de rua e migração
- Uso de serviços públicos por moradores de outros municípios

A candidata deve se mostrar

- Neutra ao governo por questões ideológicas (considerando que o governo é social ou conservador) ou contrária ao governo, caso este seja liberal
- Preocupada com o futuro dos residentes da cidade
- Eficaz no seu mandato
- Contrária a inovações e soluções pouco utilizadas em outros municípios
- Com habilidade em fiscalizar o município

Temas preferenciais

- Família e juventude
- Desenvolvimento urbano
- Zeladoria e manutenção

Argumentos

	BÁSICO	INTERMEDIÁRIO	PROFUNDO
RACIONAIS	Os recursos são limitados e a prioridade do município está no atendimento ao cidadão.	O município precisa, em primeiro lugar, fazer a manutenção de suas estruturas, pagar a folha em dia e corrigir o que não funciona.	Os percentuais destinados para a saúde e a educação precisam ser ampliados, principalmente para implementar políticas públicas que beneficiem as famílias, mantendo os jovens longe das drogas. Novas obras ficam em segundo plano diante dessa necessidade.
EMOCIONAIS	Crescimento, sim, desordem, não.	O desenvolvimento desorganizado da cidade pode desestabilizar a tranquilidade dos moradores, trazendo para os bairros uma população para a qual não há preparo.	Em outras cidades já foi visto que o crescimento sem planejamento e preparação é uma fonte de aumento da violência e do trânsito e também traz uma piora de vida a todos os moradores. A prefeitura precisa organizar primeiro um grande estudo, ouvindo os moradores mais antigos e, somente após ter feito isso, promover algum tipo de mudança.
TEMPORAIS	A chamada nova política nada mais é do que a politicagem com roupas novas (diante do sentimento antipolítica dos eleitores no momento da fala).	Há muitos candidatos que utilizam o argumento de que são novos na política e que por isso mesmo farão um trabalho melhor. É preciso deixar claro que não estamos falando de investir em uma frigideira nova, que se não prestar podemos jogar fora. É do nosso bairro que estamos falando.	Quando você procura um médico, uma professora e até mesmo quando entra em um ônibus, não fica mais tranquilo sabendo que ali, na condução, há uma pessoa mais experiente e menos afoita? É assim na política também. Os novos precisam trazer a energia, mas há o espaço certo, com a experiência ditando os rumos. Na maior parte das vezes, o novo traz mais problemas para o futuro, por causa da inexperiência.
ATEMPORAIS	É preciso manter nossas famílias protegidas. A todo custo.	Há muitas discussões na Câmara de Vereadores, promovidas pelos partidos de esquerda, progressistas, que pretendem tirar o sono de pais e mães de família. Temos que ficar atentos para lutar por aqueles que amamos.	Partidos de esquerda querem colocar na pauta da Câmara um projeto de lei que autoriza expressamente os professores da rede municipal de ensino a falar sobre sexo e ideologia de gênero. Mas vão além, querem também implementar projetos destinados ao público LGBT na cidade, para que sejam promovidos debates sobre o tema nas escolas.
TRANSVERSAIS	A segurança nas ruas é reflexo da presença da prefeitura.	Quando a prefeitura faz corretamente o seu papel, coibindo pichações e vandalismo, resolvendo os problemas de iluminação, isso inibe outras ações criminosas. É preciso manter esse olhar de cuidado com o bairro.	Há diversos estudos que consideram que um dos motivos para a queda da violência nas ruas está na presença ostensiva do poder público. E esse poder precisa se manifestar em todos os aspectos, incluindo políticas públicas de controle migratório, de gestão de moradores de rua e zeladoria.

	BÁSICO	INTERMEDIÁRIO	PROFUNDO
SEGMENTADOS	As praças do bairro são pontos de encontro das famílias.	Muitas famílias não contam com a possibilidade de frequentar clubes ou outros locais para lazer. As praças do bairro cumprem esse papel e precisam continuar sendo bem-cuidadas.	Para melhor convivência dos núcleos familiares, o município pode oferecer boas condições, abrindo espaços públicos e implementando áreas de lazer, cultura e entretenimento. É uma questão de prioridades. A cidade começa nos bairros, os bairros começam nas ruas, e as ruas começam nas famílias. É lá que deve estar o foco.

Regiões de trabalho

- Áreas periféricas da cidade
- Região em que reside (bairro e arredores)
- Áreas com forte presença religiosa
- Bairros mais tradicionais e com densidade habitacional

Públicos preferenciais

- Evangélicos
- Católicos
- Aposentados
- Fãs de partidos conservadores
- Agentes de segurança pública
- Mães com filhos pequenos/grávidas
- Pais com filhos jovens

Por que ser vereadora?

Venho fazendo um trabalho na Câmara em nome das famílias e de todos que desejam que esta cidade continue sendo um bom lugar para viver, em que possamos ter tranquilidade e alegria.

Depois de participar ativamente na associação de moradores do meu bairro, vi que era possível fazer mais – e não apenas possível, era necessário. Foram anos tentando dar um freio ao crescimento desordenado, que trazia o trânsito e a insegurança para os moradores. E, mesmo na associação, eu não encontrava as ferramentas certas.

Foi só por meio da minha eleição como vereadora, com o apoio de todos da região, que conseguimos fazer frente contra a esquerda e suas práticas, que nada têm a ver com o que somos e de onde viemos. Tenho orgulho de ter nascido na maternidade local e de ter criado meus filhos aqui e, agora, meus netos.

Houve momentos de dificuldade? É claro que sim. Mas é nesses momentos que crescemos, principalmente quando nos unimos. Agora é hora de continuar, sem perder a confiança de que podemos ser melhores.

C. Candidato social em primeira campanha

Perfil: candidato iniciante na política, de oposição ao governo, com 40 anos, ligado a partido social, liderança de bairro, cidade até 50 mil eleitores.

Posicionamento ideológico

- Questões relacionadas à zeladoria (iluminação, urbanização)
- Primeira infância, ensino fundamental e creches
- Moradores de rua e dependência química
- Investimentos em saneamento básico
- Políticas de cotas
- Execução do orçamento
- Projetos assistenciais e de convivência
- Projetos para idosos

O candidato deve se mostrar

- Com conhecimento sobre atividades da secretaria que cuida do social
- Oposicionista ao governo por questões ideológicas (considerando que o governo não é social)
- Preocupado com questões de sustentabilidade e desigualdade social
- Muito próximo das questões regionais de seu bairro

Temas preferenciais

- Desigualdade social e violência
- Saúde
- Geração de oportunidades e renda

Argumentos

	BÁSICO	INTERMEDIÁRIO	PROFUNDO
RACIONAIS	O investimento em educação reduz a violência.	Boa parte da violência é originada pela falta de acesso a escola de qualidade e com boa alimentação. As crianças que deixam de frequentar as aulas estão mais propensas a ser aliciadas pela criminalidade.	Outras cidades que investiram em educação reduziram drasticamente a violência. Um bom exemplo é a cidade de Medellín, que reduziu em 90% o número de homicídios ao adotar políticas públicas focadas na educação e na cultura. Nos Estados Unidos, alguns estados ampliaram o número de anos obrigatórios na escola. A redução no envolvimento com o crime foi de 6%.
EMOCIONAIS	É difícil estar satisfeito quando falta o pão na casa ao lado.	A prefeitura tem obrigação de tomar ações que geram empregos, e a verdade é que pouco tem sido feito. Homens e mulheres não conseguem o mínimo para dar dignidade às suas famílias, enquanto os vereadores e o prefeito assistem de barriga cheia.	A cidade poderia estar contribuindo para gerar renda para as pessoas, oferecendo cursos profissionalizantes para aqueles que não estão conseguindo trabalho, fazendo investimentos no surgimento de postos de economia criativa, preparando e incentivando jovens a empreender. O que se vê é bem diferente. Vemos preocupação em favorecer apenas grupos políticos que são parceiros.
TEMPORAIS	Governo não é para dar lucro, é para dar atendimento.	A prefeitura se orgulha de ter arrecadado mais e investido menos, mas essa é uma conta que não fecha. O que adianta gastar menos, reduzindo a qualidade da merenda escolar, o atendimento dos postos de saúde, e deixando de asfaltar ruas, com a população em meio ao esgoto? É hora de pensar também com o coração nas pessoas, não só na conta.	O governo tomou medidas de contenção de despesas de forma precipitada, sem estudos que indicassem o desdobramento da redução na qualidade de vida das pessoas. Quando se tem apenas o olho no financeiro e não nas prioridades de gestão, pouco se pensa no futuro. É preciso criar receitas, e não puxar o freio. É uma questão de visão de mundo. Com mais oportunidades, há mais receita para o município.

	BÁSICO	INTERMEDIÁRIO	PROFUNDO
ATEMPORAIS	Os jovens estão indo embora, deixando as famílias aqui.	É muito comum que nossos jovens se mudem para cidades maiores. A busca por empregos e portunidades os força a sair, separando as famílias. Não é o que queremos, são as condições a que estamos sujeitos. Mas é possível criar oportunidades aqui mesmo.	A prefeitura poderia adotar a agricultura familiar para fornecer alimentos para as escolas municipais. Os vereadores poderiam aprovar uma lei municipal dando prioridade de compra de produtos para comerciantes locais. Também seria possível estimular o turismo na região, com pouco esforço. Mantendo nossa mão de obra aqui e nossas famílias satisfeitas.
TRANSVERSAIS	Promover debates sobre sexo nas escolas evita que jovens abandonem a escola por causa de gestações prematuras.	Os jovens são curiosos e muitos não têm abertura suficiente em seus lares para conversar sobre sexo e reprodução, o que aumenta a possibilidade de gestações indesejadas e prematuras, diminuindo ainda mais suas chances de arrumar emprego e conquistar a independência.	Estudos recentes mostram que quase 30% das jovens que engravidam não terminam os estudos. E, na maioria dos casos, a situação poderia ser evitada com medidas simples, tratando o tema com seriedade e maturidade. Será preciso preparar os jovens para a abordagem do tema, mas também os professores da rede pública, e chamar os pais para o debate.
SEGMENTADOS	O funcionalismo público precisa ser mais bem valorizado.	Os funcionários públicos são os principais mobilizadores da economia na cidade, mas as condições de trabalho estão cada vez piores, principalmente pela falta de comprometimento da atual gestão em incentivá-los.	Cabe ao prefeito e aos vereadores buscar recursos para investimentos na cidade, deixando o orçamento mais livre para bonificar os funcionários públicos concursados. Esses recursos podem vir, inclusive, do governo federal. Há muitos projetos para prefeituras nos ministérios, principalmente para cidades como a nossa. É preciso ter um olhar mais humano e pensar em formas depromover a igualdade social.

Regiões de trabalho

- Centro da cidade
- Região em que reside (bairro e arredores)
- Áreas com concentração de funcionalismo
- Áreas com associações de moradores
- Regiões periféricas da cidade

Públicos preferenciais

- Católicos
- Funcionários públicos
- Fãs de partidos alinhados à social-democracia
- Professores e pessoas ligadas a educação e cultura
- Defensores de direitos humanos

Por que ser vereador?

Foram muitas as batalhas para buscar o apoio na Câmara de Vereadores, do prefeito, mas sem sucesso. Aqui no bairro, continuamos a ver as crianças brincando ao lado do esgoto a céu aberto, se expondo a doenças, e nem sinal de melhora... Mesmo espaços já construídos, como a escola municipal do bairro, e que poderiam ser facilmente disponibilizados, não são levados em consideração.

Além disso, a prefeitura insiste em ignorar as queixas de todos os moradores da região sobre a coleta de lixo, que passa em dias variados, de forma irregular, fazendo com que o lixo se amontoe e atraia bichos.

Nos últimos meses, o descaso ficou ainda mais claro, com o fechamento da Unidade Básica de Saúde e o remanejamento da equipe de atendimento para outra região.

A força política de alguns está pesando mais do que o benefício para muitos. É por isso que hoje, após conversar muito com todos, amigos, familiares, é que me coloco como pré-candidato a vereador.

5

Comunicando suas ideias

Um dos principais erros que levam muitos candidatos a perder uma eleição é não entender como funciona a comunicação política. A maneira de se comunicar com as pessoas mudou, surgiram novas formas além das tradicionais.

Anos atrás, no modelo das campanhas antigas, havia uma concentração da comunicação no período eleitoral, em um prazo de 60 dias. Isso acontecia porque não havia, como hoje, o período da pré-campanha. Era comum a existência do candidato "Copa do Mundo", que desaparecia por quatro anos e ressurgia nesses 60 dias. Nessa época, a internet não tinha o peso e a influência que tem atualmente.

Hoje, o candidato que deseja se eleger não pode ficar tanto tempo fora do radar do eleitor. É preciso se manter presente quase todos os dias, fazer a manutenção das redes sociais com publicações interessantes e interagir com as pessoas nos comentários, mesmo fora do ano eleitoral.

Atualmente a campanha acontece em tempo integral, com a diferença de que o período da pré-campanha deve ser destinado para construção e reforço da reputação do candidato, e o período eleitoral, usado para pedir voto.

Outra característica muito forte das campanhas antes do período da internet era a divulgação de mensagens curtas e repetidas à exaustão. Essa é uma lógica trazida da televisão e do rádio. Apostar na repetição da mesma mensagem é uma tática que não produz bons resultados no uso das ferramentas digitais, porque cansa o espectador. É preciso agregar conteúdo às publicações.

Isso vale para a segmentação de públicos. Para a TV e o rádio, não havia a possibilidade de escolher várias mensagens, de acordo com o público específico. Era uma única mensagem para todo mundo. Com isso, os temas abordados nas campanhas eram os mais seguros, sem questões que pudessem gerar polêmicas.

A televisão é melhor para você informar as pessoas, já a internet é o melhor meio para obter engajamento. Na internet conseguimos entregar o conteúdo certo para o grupo de pessoas que temos como alvo, e em alguns casos até mesmo para uma determinada pessoa.

Essa característica da internet é uma mudança muito importante para você, que vai se candidatar a uma vaga no Legislativo, com voto proporcional. No majoritário, você precisaria do voto de metade dos eleitores mais um. No proporcional, com 1%, 2% ou 3% você se elege. O que, na prática, quer dizer que você não precisa agradar todo mundo, pode abordar temas polêmicos e segmentar a entrega desse conteúdo para agradar bastante a um determinado grupo de pessoas.

Antigamente as campanhas também contavam com muitos cabos eleitorais. Com o fim das doações de empresas para campanhas eleitorais, o dinheiro encurtou, a função foi cortada e não é mais possível ter uma quantidade significativa de cabos eleitorais. Nesse sentido, o que você pode fazer é buscar o apoio de influenciadores locais, como presidentes de associações de bairro, líderes religiosos e também influenciadores digitais, como donos de canais e grupos na internet.

Atenção: fique atento à legislação, porque durante o período eleitoral você não pode fazer nenhum tipo de pedido de voto dentro de instituições religiosas. Mas o líder religioso pode promover uma reunião na casa dele e convidar a comunidade.

A internet também trouxe agilidade para a campanha. Antes, para promover uma reunião, você tinha que ligar para cada um. Hoje você envia uma mensagem pelo WhatsApp. E o boato, que antigamente levava uma semana para ser espalhado, hoje leva trinta minutos. O celular vai ser uma das suas principais ferramentas de comunicação. É interessante que você tenha um modelo capaz de captar vídeos e áudios com boa qualidade. Você vai usá-lo para fazer transmissões ao vivo, postar conteúdos no Instagram e no Facebook, compartilhar mensagens nas listas de transmissão do WhatsApp.

E, por último, fique atento a algumas pegadinhas. Antes, a comunicação se dava de um para muitos, apenas pela TV, pelo rádio e nas ruas. Agora, as pessoas têm autonomia para disseminar informações, e não há como controlar. E sempre pode haver alguém querendo trapacear e colocar você em uma situação constrangedora. É comum os adversários colocarem pessoas para filmar outros candidatos em suas agendas. E também não é raro que promovam alguma maldade, como colocar uma pessoa com uma pasta melequenta na mão para cumprimentar o candidato na hora do corpo a corpo, filmá-lo limpando a mão após o cumprimento e divulgar o vídeo sem contexto, nas redes sociais, como o candidato que tem nojo da população.

5.1. Contando sua história usando storytelling

Uma forma estratégica de se comunicar é por meio do storytelling. Conhecido como a forma do sucesso para o entretenimento, o storytelling é a arte de contar uma história de forma atrativa. Políticos que entendem e usam o storytelling nas campanhas estão um passo à frente dos demais. Você não deve falar para a pessoa o que ela deve ou não fazer. O ideal é que você crie uma narrativa em que, ao ser contada, a pessoa subentenda o que você deseja que ela faça, cabendo a ela a decisão da ação.

Esse conceito é muito utilizado no cinema. A maior parte dos filmes de sucesso de bilheteria obedecem a uma lógica de storytelling. Os enredos costumam ser separados em três partes: apresentação, confrontação e resolução.

Na primeira parte do filme, a narrativa apresenta os personagens em situações normais, caminhando para um desafio. Em seguida vem a confrontação, que são as dificuldades que os personagens terão que enfrentar e o que eles terão que fazer e aprender para vencer o desafio. Por fim, o filme apresenta a resolução dos problemas, quando o personagem supera o desafio.

Veja o exemplo do filme do Homem-Aranha. A história começa com o cotidiano de um menino que levava uma vida normal, até ser picado por uma aranha radioativa – a apresentação do personagem.

Depois de ser picado, o garoto desenvolve poderes especiais, com um sexto sentido apurado, velocidade acima do normal, capacidade para lançar teias, e ele se vê tentando controlar esses poderes e descobrir para que servem – o desenvolvimento do personagem.

Em determinado momento do filme ele comete erros e precisa fazer uma autocrítica para poder evoluir. Ao final, ele enfrenta e vence o vilão e termina o filme sendo herói – a superação do personagem.

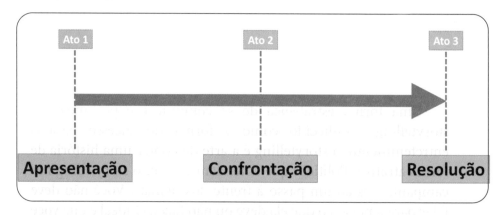

Mas nem só no cinema vemos storytelling. Veja esse exemplo do Dia do Professor na página ao lado.

Essa postagem tem toda uma estrutura de narrativa para criar empatia. E mostrar que a candidata realmente valoriza os professores. Nela, as pessoas conseguem identificar o carinho e o respeito da candidata pelos profissionais da educação. E isso constrói reputação, gera empatia. A postagem com uma foto e uma frase de "Feliz Dia dos Professores" não agrega muito e pouco demonstra a valorização por esses profissionais.

 **Candidata X**
1 h · 🌐

Me lembro muito bem do dia em que essa foto foi tirada. Foi no mesmo dia que a minha professora de Matemática mandou um bilhete para os meus pais. Não sei como funciona hoje, mas naquela época era assim, você bagunçava e os professores mandavam bilhetes para os pais, e você precisava devolver no dia seguinte assinado.

O daquele dia veio da professora Margarete, que me acompanhou desde a 5ª série até o início do colegial. Ela me pegou conversando enquanto explicava a matéria e achou que eu merecia um alerta. Ok, aquele dia foi ruim, fiquei de castigo por uma semana, mas foi graças a ela que desenvolvi minha paixão por números, o que me fez depois estudar administração pública e chegar até aqui.

Professora Margarete, se essa publicação chegar até a senhora, quero que saiba que lhe agradeço por nunca ter desistido de mim.

Feliz Dia dos Professores!

PERSONAGENS PRECISAM SE DESENVOLVER

Todo bom personagem nunca começa e termina a história do mesmo jeito. Em toda boa história o personagem precisa passar por uma transformação e sair mais forte. Por esse motivo os eleitores não gostam de candidatos que se vitimizam.

Quando você for comunicar a sua história, preocupe-se menos em fazer afirmações e autoelogios, do tipo "eu sou honesto", e mais em contar a sua trajetória de uma forma que a pessoa que está ouvindo compreenda e crie o próprio juízo de valor sobre quem é você. Dessa forma você vai conseguir ter mais atenção do eleitor.

5.2. Montando seu banco de dados

Para se comunicar bem, você precisa saber para quem será enviada a mensagem. Por isso é tão importante que você tenha o banco de dados da sua campanha organizado. E não precisa ser um programa, um aplicativo ou algo tecnológico. Pode ser uma folha de papel com nome e telefone das pessoas ou uma planilha em programas como o Excel.

O banco de dados é o lugar em que você vai armazenar as informações (nome, telefone, e-mail) dos públicos com os quais vai trabalhar.

Para facilitar a organização, vale dividir as pessoas em níveis de proximidade e relacionamento:

- No primeiro núcleo, família e amigos próximos – liste todas as pessoas da sua família, cunhado, primo de segundo grau etc.
- No segundo núcleo, liste os colegas – todos que trabalham ou estudam com você e pessoas que conhecem um pouco da sua história.
- Em seguida, liste os conhecidos – pessoas que o conhecem, mas ainda não sabem muito sobre você.

- E, na última lista, aqueles que chamo de "terceiros" – pessoas com quem você não tem contato direto, mas tem acesso para se aproximar delas.

Eu aconselho você a construir o seu banco de dados na pré-campanha. Nesse processo de organizar as listas, você vai perceber que faltarão dados de algumas pessoas, como telefone ou e-mail. Na campanha, dificilmente você terá tempo para buscar essas informações.

Os níveis do círculo de relacionamento valem também para o projeto de arrecadação. Você começa os pedidos e as doações pelo núcleo da família e amigos e vai trabalhando para atingir e convencer os outros níveis. Caso envie a mesma mensagem para todos esses públicos, é provável que ninguém doe. É melhor personalizar a mensagem para cada nível de relacionamento. Por exemplo, você não vai mandar uma mensagem se apresentando e dizendo quem você é para a sua família.

Sugiro também que você separe suas listas de transmissão no WhatsApp, podendo nomear cada lista de acordo com a origem: "lista família", "lista conhecidos", "lista amigos". À medida que for ampliando cada lista, crie listas com nomes e numerações, como "lista conhecidos 1", "lista conhecidos 2", e assim por diante. A segmentação é importante para você não mandar a mesma mensagem para todo mundo e não repetir o envio para a mesma pessoa.

Em relação à frequência de envio de mensagens pelo WhatsApp, recomendo que fora do período eleitoral você envie, no máximo, uma mensagem a cada 15 dias. No início do período eleitoral, uma por semana. No meio da eleição, duas mensagens por semana. E, na última semana, no sábado anterior ao domingo da eleição, mais uma mensagem.

Você deve estar se perguntando agora como expandir seu banco de dados. Eu vou lhe ensinar três caminhos para aumentar seu banco de dados, incluindo pessoas que ainda não o conhecem e para as quais você poderá apresentar a sua candidatura.

5.2.1. O caminho para bons resultados na abordagem porta a porta

O primeiro caminho é o velho e bom porta a porta, com algumas inovações. Você vai precisar de duas pessoas para ajudá-lo e vai usar o WhatsApp. Comece mapeando as ruas às quais precisa ir.

Quando for para a rua, o primeiro ajudante será o responsável por apresentá-lo para o morador. Ele o apresenta e em seguida pede licença para se retirar. Enquanto você permanece na casa, esse primeiro ajudante se dirige à casa seguinte para fazer o mesmo procedimento.

O segundo ajudante, que o acompanha durante a visita, dois minutos após o início da sua conversa com o eleitor, irá interrompê-lo e dizer que você precisa ir. Você responde com educação, diz que entendeu, mas que precisa de mais um minutinho para concluir a conversa com o fulano (cita o nome do morador). Passados mais dois minutos, o segundo ajudante o interrompe novamente, e dessa vez você para e diz ao morador:

"Senhor fulano, quero agradecer a atenção, mas eu realmente preciso continuar fazendo o porta a porta, porque preciso de voto, e para ter voto eu tenho que falar com as pessoas e me tornar conhecido. Podemos fazer assim: eu te deixo o meu telefone e fico com o telefone do senhor também. Qualquer coisa que o senhor quiser, se tiver alguma ideia, uma sugestão ou crítica, o senhor me liga". Nesse momento, você deixa o segundo ajudante anotando o contato, agradece e se despede do morador e vai para a próxima casa.

A função do segundo ajudante nesse momento é salvar o contato do candidato no telefone do eleitor e enviar uma mensagem para o telefone da campanha. O gesto de continuar o diálogo na primeira interrupção demonstra que você está valorizando a conversa e que está dando importância para escutar a pessoa com quem está conversando. E isso conquista o eleitor, que se sente atendido e ouvido.

Com o porta a porta tradicional, você provavelmente, em seis semanas, não teria tempo de voltar às casas que visitou e enfrentaria a concorrência dos candidatos, que também farão o porta a porta. A diferença entre o antigo e o novo porta a porta é que o último mantém você e a sua candidatura na cabeça do eleitor.

Quando você for montar a sua lista de transmissão no WhatsApp, organize o nome e o sobrenome para facilitar quando precisar falar com alguma dessas pessoas. Por exemplo, se você fizer visitas no dia 20 de agosto, o nome na lista de transmissão será "20/8", e o sobrenome passa a ser o nome da pessoa. O contato, então, ficaria salvo como "20/8 José". Assim você constrói uma lista de transmissão com todas as pessoas que visitou no porta a porta do dia 20 de agosto. Com essa organização, você consegue enviar mensagens semanais e que venham ao encontro dos interesses dessas pessoas.

5.2.2. O melhor roteiro para eventos presenciais

A segunda forma para expandir seu banco de dados são os eventos presenciais, as reuniões de campanha. Enquanto estiver se apresentando para as pessoas, em um dado momento faça a pergunta: "Quem aqui usa WhatsApp? Por favor, levante a mão!"

Espere as pessoas se manifestarem e continue: "Ótimo... quem já está com o celular na mão, por favor, anote o meu número", e você diz o seu número. Repita algumas vezes antes de prosseguir para a próxima etapa.

Continue a dinâmica: "Agora vamos fazer o seguinte: gostaria que cada pessoa que está aqui me enviasse o nome e o bairro em que mora para o meu número, para eu adicionar à minha lista de contatos".

Você vai notar que as mensagens começarão a chegar, primeiro em pouco volume, e é aí que entra o elemento motivacional.

Para estimular as pessoas a mandar a mensagem, você precisa ler os nomes assim que começar a recebê-los. Leia cada um em voz alta, e pergunte, inclusive, quem é a pessoa que mandou e agradeça a ela.

Eu lhe garanto que, numa reunião com 50 pessoas, ao menos 30 vão lhe enviar o nome. E aí você faz a lista de transmissão desse evento e expande o seu banco de dados.

5.2.3. A dinâmica dos eventos virtuais que se convertem em cadastros

O terceiro caminho que indico para expandir seu banco de dados é por meio dos eventos virtuais. As plataformas como Facebook, Instagram e YouTube têm ferramentas para transmissão ao vivo. O ideal é que, quando você fizer uma transmissão, ela tenha no mínimo 10 e no máximo 40 minutos. Isso porque nos minutos iniciais as pessoas estão entrando para assistir e, após 40 minutos, elas costumam perder o interesse e sair.

Para que a transmissão seja interessante, evite falar de pessoas – fale mais sobre ideias, como propor soluções para a zeladoria do bairro. Por exemplo: "Passei hoje pelas ruas tais e tais, próximo à banca de jornal do fulano, e identifiquei que estamos sem iluminação, que o lixo não está sendo coletado e que há várias calçadas destruídas. O que podemos fazer para melhorar essa situação?" E então você desenvolve o assunto.

Sempre cite alguma referência da qual a pessoa vá se lembrar. Fazer conexões com a cabeça do eleitor deixa você mais próximo a ele. Em vez de falar "a escola aqui do bairro", use o nome da escola e a rua em que ela está situada.

Essas plataformas enviam notificações para os usuários que seguem as suas redes ou o seu canal quando você faz uma transmissão ao vivo (as famosas *lives*). Quando estiver fazendo uma *live* e falando sobre um determinado assunto, como os problemas com vias esburacadas, peça a quem está assistindo à sua transmissão e passando pela mesma situação que lhe envie um WhatsApp relatando o problema e dizendo o nome.

Vale fazer perguntas sobre propostas e perguntar a opinião das pessoas. Exemplo: "O que você achou sobre o projeto de lei que muda a destinação da área x? Por favor, me mande a sua opinião com seu nome no meu WhatsApp". E aí você diz o número e o coloca na tela. E vai salvando os novos contatos e criando as listas de transmissão no WhatsApp.

5.3. Produzindo bons textos

Produzir conteúdos de qualidade e que sejam atraentes é uma das formas de garantir o engajamento do público. Eu montei uma estrutura que considero a composição ideal para produção de conteúdo: envolve informação, entretenimento, ideologia, direção e propósito, além de apresentar um problema, um desafio e a solução (storytelling).

O ideal é que todo conteúdo que você for publicar tenha:

- Informação (dados)
- Uma história (enredo com storytelling que chame a atenção, que seja atrativo)
- Posicionamento ideológico
- Direção (comando para o que você deseja que a pessoa faça)
- Propósito (a justificativa)

Veja o exemplo de um texto da defesa de uma proposta que pede a abertura de escolas municipais aos sábados, que pode ser publicado em seu site, na legenda de uma foto nas redes sociais ou até mesmo enviado por mensagem.

Com poucas opções de lazer, as crianças do Jardim Esmeralda acabam ficando na rua em busca de divertimento, o que as coloca em condição de risco. E se algo acontecer? Não há reparação que cure a dor dos pais.

Só na semana passada, foram dois atropelamentos na região. Um deles foi com a filha da dona Tereza e do seu Moacir, a pequena Manu, que graças a Deus passa bem, mas poderia ter acontecido uma tragédia.

Colocar lombadas pode melhorar um pouco a situação, pois reduziria a velocidade dos carros, mas nem isso a prefeitura fez. Fui conversar com o vereador do bairro e ele também não mostrou muita preocupação.

Quero propor uma solução: abrir a escola municipal Maria Helena aos sábados, para o convívio familiar. E podemos fazer isso sem aumentar os custos, organizando tudo com estagiários da área da educação e utilizando os equipamentos da própria escola.

Dá para fazer e dá para fazer rápido! Só trabalhar duro e ter os olhos onde mais importa!

O texto apresenta um problema e propõe a solução, com todos os elementos que compõem o conteúdo ideal. Caso o candidato já estivesse na etapa de pedir votos, ao final diria: "Preciso do seu voto para que consigamos mudar essa realidade. Vote (número do candidato)". O candidato também poderia usar essa postagem, se estivesse no período da pré-campanha, para pedir à pessoa que entrasse em contato pelo WhatsApp para continuar a conversa.

Veja outro exemplo do lançamento da pré-candidatura na página ao lado.

Logo no primeiro parágrafo o texto já traz as informações de que a candidata tem família, que mora e circula em determinada região, ou seja, que ela é pertencente àquele local.

Nos dois parágrafos seguintes a candidata pontua os problemas de zeladoria da região, dando o próprio testemunho. Em seguida ela faz uma fala direcionada para idosos e pessoas com deficiência, o que gera empatia com esses públicos e com as pessoas que convivem com eles, como um parente ou amigo. Até esse trecho ela estava fazendo a sensibilização.

Quando começa a relatar o que já tentou fazer para solucionar os problemas, ela entra com a motivação e se apresenta como candidata. Nesse caso, a ineficiência do Estado em resolver os problemas é o desafio da história da candidata.

Nos parágrafos seguintes ela fala a que veio, deixa claro que conversou com familiares e amigos, que está disponível e que tem chances de ganhar, uma vez que terá 100% do tempo para se dedicar à campanha. E no último parágrafo ela dá o comando e diz o que quer da pessoa.

Candidata X
1 h ·

Há 5 anos eu faço o mesmo trajeto pelas manhãs. Levo a Daniela, minha filha, para a escola e de lá vou para o trabalho. Entre minha casa e o destino final eu passo pela Av. Alberto Barros, mas também passo por ruas menos movimentadas, como a Rua do Carmo, que é onde minha filha estuda.

Em todos esses anos eu andei por essas calçadas e posso garantir que nenhum vereador deve ter feito esse caminho, porque se andou e nada fez, é uma pessoa que não tem amor pela região e nem pelas pessoas que moram aqui.

É buraco, mato, terra, bueiro destampado, níveis diferentes e todo tipo de problema, que qualquer um pode ver. Outro dia mesmo eu quase quebrei o pé nesse caminho.

É uma calçada pior do que a outra. Se na minha idade eu já encontro dificuldade para caminhar, imagino o que acontece com os mais idosos e com aqueles que possuem problemas de locomoção, como os cadeirantes.
Eu já fui algumas vezes na Câmara de Vereadores, já fiz denúncia na prefeitura, já reclamei em rádio e no jornal, mas nada adianta. Eles ignoram, estão preocupados com outras coisas.

Depois de conversar com minha família e contar com o apoio de amigos que moram no bairro, aceitei o desafio de me candidatar! Conversei com minha chefe, que também mora aqui, e ela me dará uma licença pelo período eleitoral, para que eu me dedique 100% na eleição.

A prefeitura não terá mais como fechar os olhos para o Jardim Umuarama e seus moradores!

Quero te pedir uma coisa: estou organizando um cadastro de pessoas que querem essa mudança e para isso preciso que você envie seu nome para o meu WhatsApp: 00 00000-0000

Muito obrigada! Comigo você pode contar!

A seguir, um exemplo de e-mail para pedido de arrecadação:

O título do e-mail já é um convite para que a pessoa faça algo. No primeiro parágrafo, a candidata já relata os problemas da região e dá a entender quando essa jornada terminará. Em seguida ela pontua que esse é um projeto coletivo, e nos últimos dois blocos de texto diz o objetivo da mensagem, o que ela deseja e para qual finalidade será usado o recurso. Esse é um exemplo de texto completo e que funciona para o pedido de arrecadação.

Outra possibilidade é o uso do texto publicitário, que pode ser usado para chamadas de ações e defesa de propostas. Ele é muito comum em cards, por exemplo. Para a composição ideal, o texto do card precisa ter uma chamada, propósito, valor agregado e chamada para mobilização.

Veja a seguir dois exemplos de textos publicitários que foram utilizados em cards.

O ideal é que o texto para publicação em redes sociais tenha uma estrutura composta por chamada de atenção, contexto (introdução sem opinião, com a descrição de um fato, por exemplo), o que o eleitor tem a ver com o tema, o que o eleitor tem a ganhar ou perder com a situação, finalizando com uma chamada para uma ação.

Veja este exemplo, em que o texto possui os elementos de estrutura citados acima:

A falta de iluminação fez a violência crescer em Rio Preto

Quando passo os olhos na agenda do meu celular, é raro encontrar o nome de alguém que não tenha passado por algum episódio violento nos últimos anos. Quase todo mundo que conheço foi vítima de furto ou assalto em Rio Preto, ou teve alguém da família com esse problema. Boa parte dos ocorridos tem a ver com uma questão: as ruas estão mal iluminadas, o que facilita a ação dos criminosos.

Como sou curiosa, fui procurar saber mais sobre os índices de criminalidade e aproveitei para comparar com as cidades vizinhas. O que descobri é de alarmar: Rio Preto, que já foi considerada uma das cidades mais seguras do estado, hoje está atrás de cidades que têm muito menos estrutura do que a nossa.

Pesquisei também os investimentos do município com a manutenção da iluminação de nossas ruas, e percebi que a gestão atual vem cortando as verbas anualmente, sem que nenhum vereador se coloque contrário à medida, já que esse orçamento é discutido pela Câmara de Vereadores todos os anos.

Hoje, temos quase metade do dinheiro que tínhamos há quatro anos. O resultado é o que você pode observar na sua rua: há sempre um poste ou outro sem luz. [...]

[...] Eu venho evitando chegar em casa mais tarde e também redobrei os cuidados na hora que preciso sair após escurecer, mas o que me incomoda mesmo é a sensação constante de insegurança.

O caminho para resolver o problema é um só: fiscalizar e exigir da prefeitura que faça o papel dela. Que utilize melhor os impostos que pagamos. O IPTU da minha casa aumentou, mas a qualidade do serviço da prefeitura diminuiu. Só com a cobrança constante é que conseguiremos mudar esse cenário.

Se você concorda com essa pauta, clique neste link e faça parte desse movimento.

5.4. Produzindo bons vídeos

Nem só de textos é feita uma boa campanha, portanto é importante que você tenha conhecimento de como gravar um bom vídeo e compartilhá-lo em suas redes, bem como publicá-lo no seu canal no YouTube. Para gravar vídeos você vai precisar de um celular com uma câmera que tenha boa resolução, iluminação e microfone.

Tenha o equipamento adequado

• Microfone

Você pode usar microfones direcionais, mas o ideal é que seja um microfone de lapela, que costuma ser relativamente barato. É possível utilizar o microfone do próprio celular? É, mas ele capta ruídos do ambiente, que pode prejudicar seus vídeos. Pode-se pensar em um microfone sem fio para utilizar em ambientes externos.

- **Iluminação**

A iluminação é muito importante para vídeos, mas isso não quer dizer que você precise gastar muito. Você pode gravar em um ambiente com iluminação natural e economizar um bom dinheiro, mas, se for precisar gravar à noite ou em condições em que a luz natural não é boa, recomendo comprar ao menos um "ring light" ou uma luz de LED convencional. O ideal é ter um conjunto de três luzes, para iluminar bem o ambiente.

- **Filmadora**

Dá para usar o celular para filmar? Dá! Mas é preciso usar a câmera de trás do aparelho, um microfone ligado a ele e ter uma boa iluminação. Hoje, a maioria dos celulares já filma em alta resolução, porém as lentes não captam muito bem as imagens em ambientes com pouca iluminação.

Caso você tenha mais recursos para investir, sugiro uma máquina fotográfica que também filma, chamada DSLR.

Cuidados com a produção

Em relação aos vídeos, você precisa estar atento a quatro aspectos: proporção, duração, publicação e disseminação.

- **Proporção**

A proporção tem relação com o formato dos vídeos. Cada canal tem uma formatação-padrão para publicação; por exemplo, no YouTube usamos vídeos horizontais (como na TV), já na linha do tempo do Facebook e do Instagram o formato predominante é quadrado ou retrato. Nos *stories* e *reels* do Facebook e do Instagram, assim como no TikTok, é necessário publicar no formato vertical.

Essa variedade de proporções pode ser um fator de dificuldade na produção dos vídeos, por isso sugiro que, sempre que for gravar algo, posicione a câmera na horizontal (com o celular deitado) e, se for preciso, faça o corte na edição para convertê-lo em outros formatos.

A seguir, uma tabela para ajudar na checagem da proporção de cada tipo de vídeo e canal:

FORMATO DO CONTEÚDO	PROPORÇÃO	ALTURA RECOMENDADA	LARGURA RECOMENDADA
Feed de Instagram e Facebook	1:1 ou 4:5	1.080 px ou 1.350 px	1.080 px
Stories de Instagram, Facebook ou status do WhatsApp	9:16	1.920 px	1.080 px
Reels de Instagram ou Facebook	9:16	1.920 px	1.080 px
Vídeo de TikTok	9:16	1.920 px	1.080 px
Vídeo de YouTube	9:16	1.080 px	1.920 px

- **Duração**

As plataformas também delimitam o tempo que cada vídeo deve ter. Por exemplo, para um vídeo ser postado no *feed* do Instagram ele precisa ter, no máximo, um minuto. Já no story, o vídeo será repartido em trechos de 15 segundos (cada story tem 15 segundos) e não poderá ser superior a um minuto. O Facebook não limita a duração do vídeo para o *feed* de notícias, mas eu recomendo que não ultrapasse três minutos, tendo em vista que as pessoas estão nessa rede em busca de distração. Deixe os vídeos de longa duração, com a explicação dos assuntos na íntegra, para o YouTube.

- **Publicação**

Depois de gravar o vídeo, prestando atenção ao formato e à duração, é hora de publicá-lo de forma mais estratégica.

Quando for publicar um vídeo no YouTube, o título deve ser pensado em como as pessoas buscarão por aquele tema no Google. Por exemplo, se você publicar um vídeo sobre a situação da saúde na cidade X, o ideal seria um título assim:

"Qual a melhor solução para a saúde da cidade X?" Em geral, para fazer pesquisas, as pessoas usam termos como: "onde", "quando", "como", "por que", "quem", "quanto". Logo, seu vídeo pode ser encontrado com muito mais facilidade se o título no YouTube tiver uma dessas palavras.

No Facebook, a lógica para o título do vídeo é chamar a atenção do eleitor. Seguindo o nosso exemplo anterior, no Facebook o título seria: "A saúde na cidade X tem jeito?" E no Instagram só há a descrição do vídeo. Cabe ter atenção com a capa dos vídeos em todas as plataformas, pois muitos usuários podem se interessar pela chamada ou imagem escolhida para a capa.

Em todos os canais que você utilizar para suas postagens, lembre-se de usar as hashtags (#). Elas servem para ajudar a indexar o conteúdo, ou seja, para facilitar ser encontrado pelo usuário. A maneira correta de usar hashtags é com palavras que tenham relação com você e com o assunto que está sendo tratado. Por exemplo, se eu fosse candidato e quisesse sumarizar minhas propostas, uma das minhas hashtags poderia ser "#vitorinopropostas". Sempre que uma pessoa clicar nesse link, ela terá acesso a todas as publicações em que fiz essa marcação.

Na hora de distribuir o vídeo, evite postar tudo em todas as redes ao mesmo tempo. O ideal é que você faça postagens alternadas, para que a sua audiência seja mantida. No primeiro dia, você envia o link do YouTube para a sua lista de transmissão do WhatsApp. No segundo dia, você posta uma pílula do vídeo no Instagram. No dia seguinte, faz a mesma coisa no Facebook.

Organize bem as *lives*

A audiência dos vídeos ao vivo obedece a outra lógica. Para que esse tipo de vídeo com transmissões ao vivo dê certo, eu recomendo que a *live* seja temática (educação, segurança, melhorias para o comércio local), com divulgação prévia de uma semana em todos os canais, de forma planejada (agendada, com cenário) e com roteiro a ser seguido.

Nos primeiros dois minutos da *live* você cumprimenta as pessoas que estão entrando e interage dizendo o nome delas. O objetivo é ganhar tempo para que um número considerável de pessoas entre para assistir.

Em seguida, você explica como a transmissão funciona e qual é a dinâmica do encontro. Aproveite para informar que após a sua fala irá responder a perguntas e que quem tiver alguma pode enviar para o seu WhatsApp. Informe também o tempo de duração, com horário de início e fim.

Discorra sobre o assunto, responda às perguntas, agradeça a participação de todos, finalize avisando a data da próxima *live* e peça sugestões de temas que as pessoas gostariam que entrassem na pauta. "Se tiver um tema que você gostaria de ver abordado, envie uma sugestão para o meu WhatsApp". Despeça-se e deseje um bom dia, uma boa semana.

Na divulgação, você vai reforçar o tema, a data e o horário e abrir um canal, por meio do WhatsApp, para as pessoas enviarem perguntas e informações. Veja o exemplo:

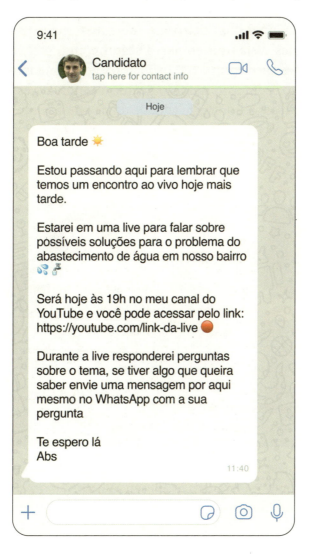

5.5. Produzindo boas fotos

A primeira coisa que você precisa entender sobre fotos é a diferença entre a jornalística e a publicitária. A foto jornalística retrata o acontecimento de um fato e serve para ilustrar uma notícia, uma matéria. O objetivo desse tipo de fotografia é informar.

O objetivo da foto publicitária é vender um conteúdo, passar uma mensagem, uma emoção. Esse tipo de foto tem uma preocupação maior com a estética, com juízo de valor que alguém vai formar com base naquela imagem.

Em campanhas eleitorais, as fotos mais usadas são as publicitárias. Veja os exemplos a seguir com o prefeito de Campo Largo, Marcelo Puppi. Na primeira foto, a mensagem passa o sentimento, a emoção, a noção de que o candidato escuta o eleitor. Na outra, o conteúdo é a felicidade da pessoa em cumprimentá-lo, e a última é uma foto simbólica que demonstra o número de apoiadores.

Fotógrafo: Brunno Zotto @brunnoz

Fotógrafo: Brunno Zotto @brunnoz

Fotógrafo: Brunno Zotto @brunnoz

    O ângulo em que você fotografa faz toda a diferença para a leitura da imagem.

A foto no ângulo normal, com o olhar na altura da câmera, passa a ideia de igualdade.

O ângulo *plongée*, em que a câmera fica posicionada acima da altura dos olhos, focaliza o sujeito de cima para baixo.

E o ângulo *contra-plongée*, em que a câmera está posicionada de baixo para cima, passa a sensação de grandeza.

Na fotografia, os enquadramentos são chamados de planos. Os planos mais comuns são:

- Plano geral: enquadramento de todos os elementos da cena. Destaca o cenário.
- Plano americano: enquadramento um pouco abaixo da cintura. Destaca a pessoa.
- Meio primeiro plano: enquadramento da cintura para cima. Destaca a expressão corporal.
- Primeiro plano: enquadra a área acima do peito. Valoriza as expressões faciais.
- Primeiríssimo plano: enquadra a área acima dos ombros. Transmite verdade.
- Plano detalhe: enquadra apenas parte do rosto ou do corpo. Transmite emoção.

Recomendo que antes mesmo da campanha começar, você contrate um fotógrafo para acompanhá-lo durante alguns dias de agenda, de preferência no fim de semana. Faça um ensaio fotográfico em um estúdio, planejando poses que serão usadas durante toda a sua campanha.

Outra dica é que você observe fotos de políticos experientes e vá assimilando o momento da foto. Com o tempo, você vai saber que precisa parar em determinado momento da agenda ou de um evento para fazer a foto.

 Se quiser se aprofundar nesse tema e saber como produzir melhores fotos e vídeos, sugiro que faça o download do e-book pelo código ao lado. Basta apontar a câmera do seu celular para o QR Code e acessar o link.

5.6. Usando o WhatsApp

O WhatsApp disponibiliza uma ferramenta para criar listas de transmissão. É uma lista de contatos agrupados em que você consegue enviar uma mensagem para várias pessoas ao mesmo tempo. Cada lista de transmissão comporta, no máximo, 256 pessoas. Se você usar um celular muito antigo, sem uma boa memória, quando enviar a mensagem para a lista de transmissão, pode ser que ele demore a entregar as mensagens ou não as entregue para todos os contatos da lista.

Para uma lista de transmissão funcionar, além de você ter a pessoa cadastrada na lista, ela precisa ter o seu contato salvo no telefone. Caso contrário, ela não receberá suas mensagens; portanto, a única forma de você garantir a entrega dos conteúdos é insistir para que a pessoa salve o seu contato.

Se você fizer de qualquer jeito e incluir em listas de transmissão nomes de pessoas que não possuem o seu nome salvo, o WhatsApp pode entender que a sua conta é spam e bloquear o seu acesso, fazendo com que você nunca mais possa acessar o aplicativo com aquele número.

Outra dica importante: quando tiver que mandar uma foto ou vídeo, publique essas mídias em outra plataforma e mande apenas o link pelo WhatsApp. Cada vez que você manda uma imagem ou vídeo na lista de transmissão, o seu celular salva no histórico de conversas, o que vai sobrecarregando a memória do seu aparelho, e em pouco tempo ele começará a travar.

Lembre-se de que, para o eleitor que acabou de conhecer você, é preciso fazer todas as etapas da campanha: sensibilização, motivação e mobilização. Ele não pode ser incluído na sua lista e já receber um pedido de voto.

O ideal é que você tenha uma mensagem de apresentação para novos contatos e envie uma primeira mensagem agradecendo o encontro e deixando o canal aberto para conversar, pedindo que ele salve o contato, e assim você envia os links das suas redes sociais.

Por fim, sugiro que você use uma linha telefônica específica para a campanha e utilize o WhatsApp Business – ele dispõe da função de mensagens automáticas, que vão facilitar a comunicação da sua campanha.

Muitos candidatos insistem no uso de grupos no WhatsApp para se comunicar com os eleitores, porém desaconselho essa prática por algumas razões.

A primeira é que boa parte das pessoas acaba silenciando os grupos porque não gostam de interagir, e com isso não recebem as mensagens que você publica. Imagino que você já deva estar em muitos grupos, mas raramente vê o que acontece neles. Quanto maior o número de pessoas em um grupo, menos interação e interesse ocorrem.

Ainda há a possibilidade de que adversários se infiltrem e promovam atos de guerrilha em seus grupos, publicando conteúdos ofensivos ou de cunho duvidoso, para motivar as pessoas a sair.

5.7. Usando as redes sociais

Ao usar as redes sociais para comunicar a sua campanha, lembre-se das fases: aquecimento, pré-campanha e campanha propriamente dita.

Para facilitar, elaborei uma lista com sugestões de tipos de conteúdo que você pode usar em cada fase da campanha.

O que publicar na fase de aquecimento

- Opiniões sobre assuntos regionais
- Opiniões sobre temas de interesse dos públicos
- Explicações sobre os temas do candidato
- Participações em eventos
- Eventos de mobilização (próprios)
- Pesquisas e enquetes
- Fotos históricas

Exemplos

- Quem é o fulano: vídeos utilizando personagens para apresentar o político
- Carrossel biográfico
- Vídeos com familiares contando histórias que geram empatia e identificação
- Resgate de conteúdo de campanhas anteriores
- Fulano responde: candidato respondendo às perguntas mais pessoais
- Minha história: vídeo do personagem narrando sua história, com cobertura de imagens ilustrativas
- A cidade que eu quero: cidadãos dizendo o que querem para sua cidade/estado
- *Reacts*: vídeos do candidato reagindo a fotos e *tweets*, por exemplo

Candidato
1 h

Minha mãe sempre conta que eu adorava ficar na frente de casa lendo os livros que papai me trazia. Eu gostava de ir à missa todos domingos, era o único dos quatro irmãos que não reclamava de ir, gostava de ouvir atentamente cada palavra do padre na bênção, por pouco não fui padre, mas Deus tinha outros planos para mim.

Meus pais sempre trabalharam muito para sustentar eu e meus irmãos, nunca nos faltou nada.

Eu e meus irmãos tivemos a chance de prosseguir nos estudos, e graças a Deus com a ajuda de meus pais, mesmo com dificuldades, cada um de nós pôde estudar e trabalhar pra ajudar no sustento de casa.

Tenho orgulho dos meus pais por serem fortes e nunca desistirem de nada. Lembro-me que quando eu era criança, todas as noites, antes de dormir, minha mãe rezava conosco, pedindo a Deus que abençoasse a nossa família e que todos pudessem ter um prato de comida e uma cama quentinha para dormir, eu acreditava que quando ela pedia a Deus ele realizava todos os pedidos dela. Até hoje costumo rezar pedindo as mesmas coisas. Tive uma infância muito feliz, pude brincar e aproveitar cada momento dela. Agradeço aos meus pais por tudo o que fizeram por mim, se hoje sou um homem forte e um pai amoroso, foi graças ao amor deles.

O que publicar na fase de pré-campanha

- Opiniões sobre assuntos regionais
- Opiniões sobre temas de interesse dos públicos
- Explicações sobre os temas do candidato
- Participações em eventos
- Eventos de mobilização (próprios)
- Pesquisas e enquetes das próprias plataformas para conhecer a audiência
- Fotos históricas
- Mobilização para causas
- Circuito de palestras ou lançamento de livro
- Eventos ao vivo (*lives*)
- Artigos

Exemplos

- Resgate de entregas: caso o político seja experimentado em cargos públicos, resgatar seus feitos de forma a responder aos cidadãos que falaram na etapa de sensibilização
- Antes e depois: reforço visual das entregas em caso de políticos já eleitos anteriormente
- Depoimentos
- Convite para abaixo-assinado em favor de alguma causa
- Fulano responde: conteúdos baseados nas dores locais
- Vídeos de apoio de microinfluenciadores e lideranças
- Resumo de eventos e agendas (menos jornalístico, mais publicitário)
- Conteúdos temáticos: pais, mães, regiões, setores etc.

Candidata
1 h

Os números da violência de Rio Preto dispararam com as ruas mal iluminadas. A cidade é a penúltima colocada no ranking de segurança da região. Furtos e assaltos foram os crimes que mais aumentaram.

Vamos juntos trabalhar para devolver a tranquilidade a nossa cidade. Clique e faça parte do movimento.

Ruas apagadas. Violência dispara.
Enquanto a prefeitura reduz as verbas para iluminação, furtos e assaltos aumentam em Rio Preto.

SITEDACANDIDATA.COM.BR

O que publicar na fase de campanha

- Participações em eventos
- Eventos de mobilização (próprios)
- Eventos ao vivo (*lives*)
- Apresentação da candidatura
- Contagem regressiva
- Retrospectiva
- Marcação de número
- Marcação de propostas

Exemplos

- Propostas
- Motivos para votar
- Fez e vai fazer: link entre entregas e propostas
- Marque um amigo que vai votar XX
- Contagem regressiva: faltam xx dias para votar no candidato
- Convite para eventos
- *Checklist* das eleições: o que levar no dia das eleições
- Reforço de número de campanha: GIF, animação, carrossel
- Reforço de motivos para votar
- Conteúdos para indecisos
- Melhores momentos da campanha
- Edição dos melhores momentos de vídeos de campanha
- Cobertura de debate em tempo real e melhores momentos
- Vira-voto: missões para os eleitores conquistarem mais 1 voto
- Conteúdos para grupos de WhatsApp
- Colinha para votar
- Divulgação de pesquisas favoráveis com linha de crescimento de pontos
- Vídeo *jingle*/Clipe

Para organizar melhor a sua distribuição de conteúdo e não deixar de alimentar nenhum canal, recomendo que faça planejamentos mensais ou quinzenais, como este que você pode ver a seguir:

DIA	PERÍODO	CANAIS			
		Facebook	Instagram	Whatsapp	E-mail Marketing
DOMINGO 3	manhã	Chamada para live com tema		Chamada para live com tema	Chamada para live com tema
	tarde		Chamada para live com tema		
	noite				
SEGUNDA 4	manhã	Post live envie a sua pergunta	Post live envie a sua pergunta	Live Envie Sua Pergunta	
	tarde	Chamada para live	Chamada Candidato Live		
	noite				
TERÇA 5	manhã	Post Live é Hoje	Post Live é Hoje		
	tarde				
	noite	Transmissão ao vivo 21h	Live- estamos ao vivo	Live- estamos ao vivo	Live- estamos ao vivo
QUARTA 6	manhã	#tbt foto futebol	#tbt foto futebol		
	tarde	Videochamada no zap	Videochamada no zap		
	noite				
QUINTA 7	manhã	Infográfico Segurança	vídeo chamada no zap		
	tarde	Proposta de Segurança	Proposta de Segurança		
	noite				
SEXTA 8	manhã	Agenda	Agenda		Newsletter: Aconteceu na semana
	tarde	Fala Candidato #1	Fala Candidato #1		
	noite	Jingle	Jingle	Jingle	
SÁBADO 9	manhã	Post Tema de Avatar	Troque seu Avatar		
	tarde	Agenda	Agenda	Troque seu Avatar	
	noite	Imagem Chama no zap	Imagem Chama no zap		
DOMINGO 10	manhã	Fala Candidato #2	Fala Candidato #2		
	tarde	Proposta Social	Proposta Social	Fala Candidato #1	
	noite				
SEGUNDA 11	manhã		Vídeo de plenária do bairro		
	tarde	Vídeo de plenária do bairro			
	noite	Proposta de Impostos	Proposta de Impostos		
TERÇA 12	manhã				
	tarde	Campanha Fala Candidato	Campanha Fala Candidato	Troque seu Avatar	
	noite	Proposta Geral	Proposta Geral		Live- estamos ao vivo
QUARTA 13	manhã				
	tarde	Fala Candidato #3	Fala Candidato #3	Fala Candidato #3	
	noite	Propostas Água	Propostas Água		
QUINTA 14	manhã	Vídeo Entrevista			
	tarde		Vídeo Entrevista	Campanha Fala Candidato	
	noite	Propostas de Educação	Proposta Educação		
SEXTA 15	manhã	Agenda	Agenda		Newsletter: Aconteceu na semana
	tarde	15 Motivos	Propostas de Educação	15 Motivos	
	noite	Vídeo de agenda	Vídeo de agenda		
SÁBADO 16	manhã	Vídeo chame no zap	Agenda		
	tarde		Agenda		
	noite	Campanha Fala Candidato	Vídeo chame no zap		

No quadro da página anterior, os dias estão divididos em três partes, porque as pessoas não estão conectadas o tempo todo. Você pode repetir os assuntos ao longo dos dias, alternando períodos, para impactar o maior número de pessoas. Por exemplo, se publicou um assunto na terça pela manhã, na semana seguinte você pode publicar o mesmo assunto na quinta à noite, fazendo pequenas alterações, como o título, uma finalidade ou um parágrafo.

Dicas de boas práticas em redes sociais

Responda aos comentários ao longo do dia, e não a todos de uma única vez. Isso faz com que a sua audiência perdure e não tenha apenas um pico.

Realize um trabalho de cruzamento de canais: faça com que o seu seguidor do Facebook passe a segui-lo também no Instagram e esteja também na sua lista de transmissão do WhatsApp.

Tenha um foco definido. Se você falar de dez assuntos diferentes, não terá conteúdo de qualidade para que as pessoas o reconheçam como uma referência, uma influência positiva.

Evite publicar muitas vezes no mesmo dia. As redes sociais têm um algoritmo, uma conta, para definir se o seu conteúdo deve ser exibido. À medida que você faz mais postagens, os assuntos vão perdendo a relevância.

6

Perguntas frequentes

Recebo algumas dúvidas com muita frequência nos meus canais de comunicação. Por isso resolvi fazer uma lista com as principais dúvidas dos pré-candidatos a vereadores e compartilho as respostas com você.

As pessoas preferem textos curtos na internet?

O que importa, na verdade, é que o texto seja bom. Tenha atrativos e qualidade textual. Esses pontos vão definir se o conteúdo vai engajar ou não. Coloque o conteúdo de valor já no primeiro parágrafo, narre uma história, entretenha o leitor.

O tamanho do texto é relativo. Na página seguinte, veja dois exemplos de textos grandes, mas com muita interação.

O texto do Quebrando o Tabu tem mais de oito parágrafos e teve 79 mil likes, mais de 3 mil comentários e 19 mil compartilhamentos.

O outro tem quase 20 parágrafos e teve 54 mil likes, mais de 6 mil comentários e 16 mil compartilhamentos.

Quebrando o Tabu

Olha esse texto que a atriz Maria Flor postou no Instagram 😊:

Durante três anos eu namorei o ator @jonathanhaagensen. O Jonathan morava e ainda mora no vidigal. Ele é negro, eu sou branca.

A gente se conheceu em um filme e se apaixonou. Isso não tinha nada a ver com a nossa cor.

E lá atrás, eu com 13 e ele com 20 anos, a gente não pensou sobre isso.

Mas estava lá, o tempo todo estava lá. E a gente foi percebendo que não era normal a gente junto em um restaurante, que não era comum a gente fazendo compras no mercado, que não ora tranquilo ele dirigir o carro porque seríamos parados na blitz se ele estivesse dirigindo e não eu.

Eu lembro de um dia que fomos parados na entrada do Vidigal por policiais.

Jonathan disse que era morador, mas os policiais mandaram ele descer do carro e começaram a revistá-lo.

Aquilo era humilhante.

Eu na minha jovem arrogância desci do carro e gritei com o policial. E perguntei indignada o que ele estava fazendo.

O Jonathan pediu para eu parar, mas eu gritei e perdi a mão. E o policial nos levou para a delegacia por desacato.

Eu nunca vou esquecer o rosto do Jonathan indo para a delegacia. Tudo que ele tinha passado a vida evitando eu tinha feito acontecer por um capricho meu, por não olhar para tudo a minha volta e perceber que a coisa era muito mais grave. Que abaixar a cabeça tinha sido a realidade dele e eu achei que poderia salvá-lo disso.

Eu, branca, garota da zona sul do Rio de Janeiro, achei que podia fazer justiça. Mas não, eu não podia, e eu só fiz ele passar por uma humilhação que eu jamais entenderia. Jamais.

E mesmo tendo visto e vivido a experiência de ser olhada nos lugares por estar de mãos dadas com um negro, eu jamais entenderei...

E sim, temos que olhar para o lado e perceber que a não existência de um negro na escola do nosso filho não é normal, que não ter um negro no cinema ao nosso lado não é normal, não ter um negro num restaurante não é normal, não ter um negro no ambiente de trabalho não é normal.

E não pensamos nisso. Não percebemos nosso próprio descaso diário. E não percebemos o racismo estrutural que existe em nós.

Hoje eu acho que nosso namoro terminou pela nossa incapacidade de perceber essa gigante distância social que existe na cor da nossa pele.

Thiago Torres está em USP.
18 de abril às 16:27

Viver em dois mundo diferente é uma coisa tão difícil...
Ficar indo todo dia da periferia pro centro, do centro pra periferia, da pobreza pra riqueza, da negritude pra branquitude é tão... sei lá... estranho?
Ver duas realidade tão diferente, tão contrárias na sua frente, a dos privilegiado e a dos desfavorecido mexe muito com a sua cabeça mano...
Ver de onde você veio e ver de onde outras pessoas vieram.
Perceber que elas tão anos (ou séculos) de avanço/vantagem em relação a vc e aos seus...
Ta sendo bem triste e bem difícil pra mim lidar com tudo isso, com esse choque de realidades.
Uma coisa é vc ver a riqueza nas novela da Globo, outra é ver ela de perto.
E não poder ter ela.
E entender um pouco mais de como funciona a mente de alguém que entra pro crime.
Não que isso passe pela minha cabeça, JAMAIS passou. Só to falando que agora eu entendo o quanto é frustrante ver pessoas que tem tudo, enquanto vc não tem quase nada.
Mais frustrante ainda é ver que enquanto os branco de classe média/alta tão estudando, adquirindo e produzindo conhecimento, progredindo e crescendo na vida, muitos dos seus parceiro(a) preto, pardo, pobre, da quebrada, tão se afundando nas droga, se envolvendo com o tráfico, passando necessidade, engravidando cedo sem querer, sendo preso, morto...
Até quando a lógica da escravidão vai predominar na nossa sociedade?
A lógica de que os branco com grana têm acesso às melhores coisas e o caminho do sucesso trilhado enquanto os negros pobres vivem um verdadeiro inferno e, tudo que conseguem, é trabalhar pra esses branco?
De verdade, isso tudo é muito triste pra mim.
O sistema não tá nem aí pra nós, então nóis não pode se acomodar não mano.
Nois tem que ter objetivos e correr atrás deles, sair da nossa bolha, estudar, cuidar da nossa mente, do nosso corpo, da nossa alma... Na humildade, só passar a semana toda deitado mexendo no celular e no fim de semana se encher de droga não dá futuro não mano. Nois tem que colocar na nossa cabeça que foi os nossos ancestrais que construiu tudo que existe nesse país, essa herança é nossa, não é dos playboy não mano. A gente tem que ocupar essa porra toda. A universidade é lugar de preto e pobre sim, a política também! Eu quero ver gente preta e da periferia ocupando altos cargo, a procurar a cadeira da presidência da republica, apresentando os maiores jornais desse país, sendo grandes médicos, grandes juízes, grandes professores! Eu já falei e vou repetir: o sistema não tá nem aí pra nós, então a gente tem que correr atrás do nosso, pq infelizmente nada cai do céu não.
To aqui pra ajudar vcs de jeito que eu puder, na moral. Seja trocando uma ideia, ajudando a estudar, a procurar um emprego ou a divulgar o trampo de vcs. Sério, vamo se fortalecer. Vamo mudar a nossa realidade.
É tudo nosso caral.
Algumas observações pra ver se o povo para de comentar tanta bosta: os "erros" ortográficos foram propositais; não defendo a meritocracia e muito menos o sistema capitalista. Obrigado pela atenção.

Devo postar nas redes tudo que faço?

Costumo dizer que todo ato de comunicação precisa ter um propósito, um objetivo. Antes de fazer uma publicação, recomendo que você se pergunte: qual é o meu objetivo com ela? O que eu desejo com essa postagem? Esse conteúdo é interessante para a minha audiência? O que eu agrego à minha reputação fazendo essa postagem? Vou dar o exemplo do meu Instagram. As pessoas que me seguem estão em busca de conteúdos sobre marketing político. Se eu começar a publicar fotos minhas na academia, almoçando, fazendo reuniões de trabalho que não tenham a ver com o tema, provavelmente irei cansar a minha audiência e as pessoas vão deixar de me seguir e de curtir meus conteúdos.

Imagine que o seu perfil é um canal de TV. O que você faz quando o que está assistindo não lhe agrada? Você tende a mudar de canal ou desligar a TV. A mesma coisa acontece com os seguidores. Eles começaram a acompanhar as suas redes sociais porque acreditam que você publica conteúdos que tenham relevância para eles. Se começar a postar sobre assuntos desinteressantes ou com uma frequência muito grande, corre o risco de perder a sua audiência. Por esse motivo, não vale postar tudo.

Grupos de WhatsApp são mais práticos?

Montar grupos de WhatsApp com eleitores é uma das maiores bobagens que você pode fazer na sua campanha. No lugar dos grupos, é melhor usar listas de transmissão com o eleitor. Deixe os grupos de WhatsApp apenas para organizar as pessoas que vão trabalhar na sua campanha, em pequenos grupos.

É recomendado que você também não utilize o WhatsApp de maneira inconveniente, enviando mensagens de bom dia, com frases motivacionais, ou outros conteúdos que não sejam do interesse dos eleitores; daí a importância de saber organizar bem as listas de transmissão.

Você faz um evento e organiza a lista de pessoas que estiveram presentes. Se o evento foi em um bairro, sabe que não é uma boa ideia mandar suas propostas de outras regiões. Caso insista, poderá acabar sendo bloqueado. Fez uma lista só de interessados no tema "educação"? Dificilmente mensagens sobre outra pauta serão bem-recebidas. Não se preocupe tanto em manter uma frequência elevada de envios. Fora do período eleitoral, enviar uma mensagem a cada 15 dias já é bastante. No período eleitoral, vá aumentando a frequência, de acordo com o momento da campanha.

Vale a pena usar grupos de Facebook?

Eu sei que muita gente vai dizer que não usa mais o Facebook, mas esse fenômeno é maior entre os mais jovens e os que moram em centros urbanos.

Em cidades menores, os grupos de Facebook são mais ativos e eficientes do que os grupos de WhatsApp para campanhas. Existem grupos de moradores de uma cidade, de um bairro, de categorias profissionais. Nesses grupos, o candidato consegue falar regionalmente ou setorialmente com mais pessoas.

Cabe aqui um alerta: não use os grupos apenas para publicar conteúdos, mas tenha uma agenda regular de relacionamento com os integrantes deles. Deixe comentários nas publicações de outras pessoas, responda a comentários nas suas, promova enquetes, publique conteúdos que sejam interessantes para as demais pessoas, e não somente para você. O objetivo é ter relacionamento com as pessoas. Em vez de ir de porta em porta, você pode criar uma relação de proximidade nas redes sociais digitais, mas, como em toda relação, não vale falar apenas de si.

Tenho que usar slogan e hashtag?

Primeiro vamos lembrar que as chamadas hashtags são para indexar conteúdos, tornando-os mais facilmente encontrados por quem se interessa por aquele tema, não são enfeites para publicações. Portanto, usar uma hashtag como "#deusnocomando" de forma indiscriminada não quer dizer muito. Apesar de deixar claro que o autor da publicação é temente a Deus, fará com que aquela publicação seja indexada a outras que não têm relação com o assunto.

Outro exemplo: supondo que você defenda uma candidatura à vereança como forma de representar um determinado bairro, o Cambuci, por exemplo, seria interessante utilizar a hashtag "#cambuci" quando as publicações tiverem relação com o bairro, podendo ser uma foto de um local, uma entrevista com um morador, uma curiosidade. Vale utilizar também hashtags exclusivas, como "#VitorinoPropostas", em que você agrega o seu nome como forma de marcar publicações.

Quanto ao uso de slogans, o eleitor pouco leva em consideração o seu slogan na hora de decidir o voto. Vale lembrar que não pode usar na campanha o mesmo slogan que usou na pré-campanha. Se houver uma denúncia, o TRE pode entender que você estava fazendo campanha antecipada, e isso pode gerar problemas sérios à sua candidatura. Já pensou ter todo o trabalho de se eleger e perder o mandato? Melhor evitar.

É melhor usar vídeos curtos ou longos?

A generalização sobre a duração de vídeos publicados na internet mais atrapalha do que ajuda. Muita gente acredita que o que funciona são vídeos curtos, mas essa verdade varia de acordo com a plataforma e com o conteúdo publicado.

Tome como exemplo a receita de um bolo. Supondo que queira aprender a fazer um bolo específico na sua casa e pesquise por receitas na internet, você certamente encontrará um vídeo ensinando todo o processo, desde o preparo dos ingredientes até os utensílios de cozinha de que precisará, além de todo o processo para que ele fique pronto. Você não quer um vídeo de 60 segundos. Seu objetivo é aprender a fazer a receita. Logo, um vídeo de 5 a 10 minutos é mais indicado nesse caso.

No entanto, estamos falando de política! Sim, mas é a mesma coisa. Caso seu vídeo seja para explicar algo útil para quem está assistindo, ele pode ter muitos minutos e continuará interessante.

Nisso entra também a plataforma de publicação do material e o interesse do espectador. Quando falamos em entregar um vídeo para quem pesquisou por um tema, estamos falando de publicação no YouTube, que é uma mídia de intenção, ou seja, em que a pessoa busca algo que gostaria de saber. Nesse caso, a duração do vídeo pode ser maior, porque os usuários foram levados por meio de um caminho de pesquisa.

É diferente do que ocorre quando utilizamos plataformas como Instagram, Facebook ou TikTok, que são consideradas mídias de atenção. Nelas, os espectadores não estavam em busca de um determinado conteúdo quando encontraram o seu vídeo; estavam navegando em suas redes sociais. Não há um interesse direto.

Nesses casos, você vai precisar de um vídeo curto, com chamada de impacto e edição rápida, para atrair a atenção nos primeiros cinco segundos, que é o tempo médio que um espectador dedica a saber se quer ou não assistir ao conteúdo. Repare que a maioria dos candidatos começa seus vídeos se apresentando – o que é um erro enorme. O espectador começa a assistir e logo se desinteressa. Uma estratégia melhor é começar com uma pergunta sobre um tema. Você fisga a atenção com algo que interessa às pessoas e depois se apresenta.

Ainda vale usar e-mail para comunicar?

O e-mail não morreu! Muita gente continua utilizando a comunicação por e-mail em muitos casos. Ele não é tão rápido como o WhatsApp, porque as pessoas acessam suas caixas de entrada com uma frequência menor, mas ainda assim tem sua importância.

Quando você envia conteúdos para uma lista de e-mails que construiu, para pessoas que estão cientes de que forneceram seus e-mails para receber aquela informação, o índice de abertura e leitura das mensagens é alto. Veja a seguir alguns exemplos:

		Opens	Clicks
		32.6%	3.4%
		42.9%	8.3%
		21.5%	4.9%
		61.5%	54.1%

Vale lembrar que a frequência dos disparos de e-mail também é importante. Em cidades menores, as pessoas abrem o e-mail, em média, uma vez por semana. Em cidades um pouco maiores, a cada dois ou três dias, e diariamente nas grandes cidades. Por esse motivo, não adianta mandar pedido de voto na sexta anterior à eleição. É preciso enviar antes, para que a pessoa tenha tempo de abrir e ler.

Recomendo que pense bem antes de sair enviando e-mails para todo mundo, inclusive para pessoas que não conhece. O e-mail, assim como as mensagens de WhatsApp, só deve ser enviado para quem pede para receber determinado conteúdo. Caso contrário, ele será marcado como spam, o que pode levar as suas mensagens direto para a lixeira, sem que os receptores tomem conhecimento.

A legislação eleitoral proíbe que candidatos façam disparos de mensagens em massa para contatos que não lhes pertencem, que foram adquiridos de terceiros, de maneira paga ou gratuita. Enviar mensagens para quem não pediu pode resultar em multa para o candidato em caso de denúncia.

Outra coisa que você pode fazer com sua lista de e-mails é utilizá-la para "alimentar" as plataformas de redes sociais para a promoção de anúncios, ou seja, para o impulsionamento de conteúdos. Funciona assim: você envia a lista de e-mails para a ferramenta de anúncios do Facebook, por exemplo, e, quando for impulsionar uma publicação, pode escolher que o impulsionamento chegue às pessoas dos e-mails informados nas contas da plataforma.

Vamos imaginar um cenário em que você fez um porta a porta em um bairro. Coletou cerca de 5 mil contatos, entre números de WhatsApp e e-mails. Aí, na hora de impulsionar um conteúdo sobre aquele bairro ou as necessidades daquela região, pode pedir ao Facebook ou ao Instagram que façam o impulsionamento somente para aquela lista de contatos ou, ainda, busquem pessoas que tenham afinidade com ela.

Os vídeos que produzo devem ser espontâneos?

Achar que o que "bomba" na internet é somente o conteúdo espontâneo é um erro enorme de entendimento. É claro que um vídeo com uma ação curiosa e espontânea atrai muita atenção nas redes sociais, que têm o entretenimento como um dos principais interesses dos seus usuários. Porém, geralmente esse caráter "viral" não ajuda a produzir juízo de valor eleitoral em favor de campanhas eleitorais. A maior parte dos vídeos virais provoca entretenimento por meio de humor ou por meio de posicionamentos controversos e não se converte em voto.

Não é porque o vídeo pode parecer espontâneo que ele tem que ser amador. Até mesmo um vídeo que parece espontâneo precisa ser roteirizado antes, caso contrário pode não produzir o efeito desejado devido a problemas em sua produção.

O fato é que, excluindo-se casos excepcionais, em que os ocorridos ressaltam aos olhos, as pessoas gostam de vídeos bem produzidos. Uma iluminação adequada, por exemplo, faz toda a diferença para que o telespectador tenha interesse em assistir ao vídeo. Para ter bons resultados na comunicação política, fazendo com que os eleitores percebam um conteúdo que leve ao direcionamento do voto, o ideal é que os vídeos sigam um roteiro e tenham produção, iluminação e sonorização corretas.

Devo postar fatos na hora que acontecem ou é melhor esperar?

Os eleitores não estão preocupados em acompanhar as caminhadas da campanha, o discurso em palanques, as visitas e as agendas de rua. Você não precisa publicar as coisas na hora que acontecem. A não ser que seja um anúncio de algo importante, aí você faz em tempo real. O ideal é que você tenha o material bruto, com fotos e vídeos das agendas, depoimentos de pessoas com as quais conversou, cenas suas conversando com um personagem. Quando a agenda acabar, você edita esse material e acrescenta uma abertura com sua fala, coloca efeitos de corte e torna o conteúdo mais atraente.

Posso levar em consideração o número de likes e seguidores para saber quantos votos terei?

Like não é voto! Likes e compartilhamentos são métricas digitais. Votos são métricas reais. O caminho para a urna é diferente do caminho do like.

A candidata a deputada federal tinha em sua página no Facebook mais de 280 mil fãs. E obteve nas urnas apenas 1.605 votos. Ter uma foto que recebe muitos likes, mas que não agrega juízo de valor à sua pessoa como candidato, não significa absolutamente nada para o eleitor e não equivale a voto.

Você só deve publicar um conteúdo se ele tiver relação com a sua candidatura, se tiver um objetivo com foco no seu eleitor. Em comunicação, tudo aquilo que não serve para ajudar, atrapalha! Nesse caso, em especial, dispersa a atenção do seu público. Se você posta no seu Instagram várias publicações, cada uma sobre um tema diferente, com o único intuito de obter curtidas, o eleitor não consegue formar um juízo de valor sobre quem é você. E isso fará muita diferença na hora do voto.

7

Material de apoio

Para que você consiga ter mais clareza sobre a sua candidatura e iniciar o processo que explico neste livro, use este material para escrever com detalhes cada um desses itens. Os quadros a seguir funcionarão como um guia para a sua jornada.

QUEM É VOCÊ

FAMÍLIA

_____
_____
_____
_____

IDEOLOGIA

☐ Liberal

☐ Social

☐ Conservador

ORIGEM

_____
_____
_____
_____

POSICIONAMENTO

☐ Oposição

☐ Situação

☐ Neutralidade

RELIGIOSIDADE

_____

REGIÃO

_____
_____

VISÃO SOBRE A POLÍTICA

_____
_____
_____
_____
_____

QUEM É VOCÊ

O QUE TENHO A OFERECER

-
-
-
-
-
-
-

TEMAS

-
-
-
-
-
-
-

DESAFIOS

-
-
-
-
-
-
-

POR QUE QUER SER CANDIDATO

Agora que já estruturou a sua candidatura e sabe como fazer a comunicação da sua campanha, é só arregaçar as mangas e começar a trabalhar. O tempo é um dos principais ativos de uma candidatura. Quanto mais cedo você se preparar, fortalecer a sua reputação e estabelecer relacionamento com o cidadão, mais chances terá de fazer uma candidatura de sucesso e vencer a eleição.

Bom trabalho e boa candidatura! Ficaremos felizes em saber da sua vitória.

Um forte abraço.
Marcelo, Fabiana e Natália

SOBRE OS AUTORES

Marcelo Vitorino

Marcelo Vitorino é professor, consultor de marketing político e sócio-fundador da Consultoria Vitorino & Mendonça. Atua há mais de vinte anos em campanhas eleitorais, em todas as esferas (municipal, estadual e federal), nas cinco regiões do país. É um dos pioneiros no uso de ferramentas digitais em campanhas políticas no Brasil. Trabalha em campanhas tradicionais e na organização de militâncias desde o ano 2000, o que o torna um profissional com experiência de campo político--partidário, além do conhecimento em marketing e tecnologia.

Com uma vasta experiência política, tem em seu currículo a formulação de estratégias que envolvem o marketing eleitoral e a coordenação de equipes em campanhas em todas as esferas eleitorais. No âmbito municipal, atuou em campanhas para vereador, como a de Netinho de Paula (SP), e em candidaturas para o Partido Novo em Belo Horizonte e Porto Alegre. Trabalhou em várias campanhas para prefeito nas cinco regiões do país, tendo atuado nas principais capitais do Brasil, como em São Paulo para Gilberto Kassab, e no Rio de Janeiro para Marcelo Crivella.

Na esfera estadual, atuou nas campanhas para governador: de Raimundo Colombo (SC), Confúcio Moura (RO), Mauro Mendes (MT), Teresa Surita (RR) e Marcos Rocha (RO). Para o Senado, trabalhou nas campanhas de Orestes Quércia (SP), Wilder Morais (GO) e Romero Jucá (RR). No âmbito da Câmara dos Deputados, trabalhou para a eleição de deputados federais: de Rodrigo Garcia (SP), Juarez Costa (MT), Fernando Máximo (RO) e Mário Heringer (MG). Em nível nacional, atuou nas campanhas de José Serra e Geraldo Alckmin para a presidência da República.

Devido à sua experiência e atuação profissional, realizou treinamentos para as principais instituições partidárias do país. Entre elas, União Brasil, Progressistas, Partido Novo, MDB, PSDB, Republicanos, PT, PDT, PCdoB e PSB. E se tornou consultor do Senado Federal.

Ministrou mais de 500 palestras sobre o uso de ferramentas digitais, marketing político, planejamento de campanhas eleitorais, combate a fake news; participou de grandes eventos, como Campus Party, Intercom, Seminário "Conselho de Comunicação do Congresso Nacional" e Seminário Internacional do Tribunal Superior Eleitoral.

Vitorino também é autor do livro *Coisas que todo profissional que quer trabalhar com marketing político digital deveria saber* e criador da escola de marketing Academia Vitorino & Mendonça, que oferece vários cursos. Entre eles, o Guia do Marketing Político, uma plataforma de cursos para profissionais de comunicação, e o curso Eu Vereador, desenvolvido especialmente para candidatos à vereança.

Fabiana Vitorino

Fabiana é jornalista, especialista em comunicação e marketing político. Formada em Jornalismo pela Universidade Católica de Brasília, tem pós-graduação em Comunicação Organizacional e MBA em Comunicação Governamental e Marketing Político. Trabalha há mais de 15 anos com comunicação política, atuando em assessoria de imprensa, media training e consultoria em comunicação e marketing político para campanhas eleitorais e mandatos.

Fabiana Vitorino começou a carreira como jornalista e trabalhou em redações de jornais e nas principais agências de comunicação do país, foi chefe da assessoria de imprensa do governo de Brasília e da Casa Civil. Foi responsável pela comunicação política de senadores, deputados e secretários. Coordenou a comunicação de campanhas vitoriosas, como a de Artur Henrique para a prefeitura de Boa Vista e a de Wilder Morais para senador de Goiás. Atualmente é consultora, professora de Redação Política no MBA de Comunicação do Instituto Brasileiro de Ensino, Desenvolvimento e Pesquisa (IDP), coordena a comunicação de campanhas eleitorais, ministra palestras, treinamentos e cursos de comunicação e marketing político.

Natália Mendonça

Natália é publicitária, especialista em estratégias de marketing político com foco em ferramentas digitais. Atua no mercado eleitoral desde 2010, dedicando-se a promover a conexão entre os políticos e seus eleitores por meio de marketing digital. Durante sua trajetória, desenvolveu relevantes trabalhos no cenário político brasileiro. Em 2016, montou e coordenou a equipe de marketing do Partido Novo para a eleição de vereadores em Belo Horizonte e em Porto Alegre, além de conduzir a equipe de marketing digital de Marcelo Crivella para a prefeitura do Rio de Janeiro. Em 2018, nas eleições presidenciais, integrou o time de comunicação do candidato Geraldo Alckmin. Em 2020, atuou na campanha digital de Emanuel Pinheiro para a prefeitura de Cuiabá, e em 2022 gerenciou a operação de marketing da campanha do coronel Marcos Rocha, reeleito governador de Rondônia.

Reconhecida no mercado pelo seu trabalho com impulsionamento, é sócia da Vitorino & Mendonça, empresa especializada em consultoria de marketing político. Natália também ajuda milhares de seguidores das suas contas no Instagram e no YouTube, quebrando as barreiras do marketing político tradicional e falando sobre posicionamento digital de candidatos, anúncios e impulsionamento durante as campanhas eleitorais e mandatos políticos.